AF457937

L
5
h
259

CAPTIVITÉ

DES

PRISONNIERS FRANÇAIS.

CAPTIVITÉ

DES

PRISONNIERS

FRANÇAIS

EN ALGÉRIE. 1845 A 1846.

PARIS,

TYPOGRAPHIE FÉLIX MALTESTE ET Cie,

18, RUE DES DEUX-PORTES-SAINT-SAUVEUR.

1847

CAPTIVITÉ

DES

PRISONNIERS FRANÇAIS.

L'émir ordonna expressément que rien ne fût enlevé à mes soldats, sauf leurs armes, et nous nous mîmes en route presqu'à l'instant, nous dirigeant à travers des sentiers infranchissables et des ravins profonds vers l'ouest d'Aïn Témouchet. La colonne entière de l'émir partit avec nous, et nous arrivâmes à la nuit tombante près d'un ruisseau où l'on campa. — Je m'expliquais difficilement l'audace qui faisait choisir à l'émir un pareil bivouac. Nous étions au centre de tous les points occupés par des postes ou des colonnes françaises. Mon détachement fut entouré par les Arabes, et nous dressâmes au milieu d'eux, MM. Cabasse, Hillairain et moi, une tente de campement que nous avions apportée par hasard.

Abd-el-Kader se trouvait près de nous et me fit demander ainsi que mes deux camarades. Il était entouré de ses kalifas Hady Mustapha, Sidi Caddour-ben-Allal, frère de

Sidi Embarrack, Boamédi, Sidi Chériff, Berkani, et Sidi Boussif surnommé Bou Maza (père de la chèvre). Nous prîmes place autour d'eux, l'émir me remit une lettre décachetée, écrite en français, et m'invita à en prendre connaissance: c'était un rapport de M. le colonel de Barral, adressé au général Cavaignac, relatant le désastre de la colonne de Djemma Ghazaouat. Cette dépêche avait été, m'a-t-il dit, interceptée par un de ses espions. Je lui demandai à informer immédiatement le général de ma position, il accéda à ma demande et mit à l'instant un cavalier à ma disposition. J'ignore ce que j'écrivis en ce moment, j'étais presque fou de désespoir!... Je passerai légèrement sur toutes les circonstances pénibles de ce voyage jusqu'à notre arrivée à la Mélouïa. Nous fûmes placés sous la surveillance d'un chef de cavaliers qui nous préserva pendant la route des insultes et des mauvais traitemens : la révolte était générale dans les montagnes; toutes les tribus étaient en armes, et, attirées par la curiosité, venaient se présenter sur notre passage.

Arrivés à Nédroma, nous nous arrêtâmes un instant à la porte de cette ville, qui s'était rendue à l'émir, et l'on nous distribua des galettes et des pastèques; nous avions couché la veille à une demi-lieue de là, et à trois lieues environ de Djemma-Ghazaouat; je m'attendais à chaque instant à rencontrer une colonne française pour nous couper la route; nous apercevions le camp de Djemma d'où l'on pouvait nous voir, vain espoir!...

Chez les Traras on nous adjoignit quinze prisonniers français pris à Sidi-Brahim, parmi lesquels se trouvait le malheureux intéprète Joseph, assassiné plus tard par les cavaliers de l'émir. Un instant avant d'arriver à l'endroit où le 8e bataillon avait été massacré (nous apercevions déjà leurs cadavres gisant çà et là près de nous), le chef qui nous conduisait, soit par un sentiment d'humanité, soit par calcul, nous fit faire un crochet à droite. Les débris des hâvre-sacs des chasseurs couvraient encore tout l'emplacement de leur ancien camp. Là, Cada-ben-Assemine, aga des Créalas, me demanda ma bourse et se l'appropria, tout en me remerçiant et m'offrant ses services pour l'avenir.

Le 4 octobre, après une marche de sept jours à travers des sentiers impraticables, et d'autant plus pénibles que l'eau était fort rare, la chaleur intense et que nous étions en route depuis le lever jusqu'au coucher du soleil, nous arrivâmes à la Mélouïa, nous traversâmes la rivière à gué et nous nous joignîmes aux quatre-vingt-six prisonniers de Djemma-Ghazoouat.

Il était temps d'arriver; plusieurs hommes de mon détachement étaient fort souffrans de diverses maladies. Moi-même j'étais atteint d'une fièvre chaude et d'un commencement de dyssenterie dont je ne parvins à me guérir que deux mois après, et grâce aux soins du docteur Cabasse, dont la cantine d'ambulance contenait fort heureusement quelques médicamens.

Nous trouvâmes à ce camp, placé sur la rive gauche et formé de cinq cents fantassins et cent cavaliers environ, M. Courby de Cognore et tous ses infortunés compagnons de captivité. Là, on nous fit former une manière de camp français au milieu du camp arabe; nos hommes se construisirent des gourbis, et nous établîmes dans l'un d'eux, plus vaste, plus aéré, une infirmerie pour nos malades.— Les blessés de Djemma, pour qui le docteur Cabasse devint une providence, reçurent aussitôt ses soins les plus assidus, et ce qui contribua non moins que lui à la prompte guérison de la plupart d'entre eux, fut une source d'eau chaude, voisine du camp, et dans laquelle Français et Arabes allaient journellement prendre des bains. On établit pour nous des distributions régulières; on nous confia entièrement la discipline et l'organisation de nos hommes; nous étions tout à fait isolés des Arabes et séparés d'eux par des buissons : une ouverture servait de passage et un poste y était établi; nos hommes pouvaient sortir de cette enceinte pour aller au bois, à l'eau, pour satisfaire leurs besoins ; la surveillance était peu rigide : si un chef arabe avait besoin de quelques hommes de corvée, il venait nous les demander, et nous les refusions presque toujours, connaissant les dispositions de l'émir à notre égard, et certains que nous étions de la défense qu'il avait faite d'employer les soldats français à aucun travail.

Les espérances des Arabes expliqueront cette bienveillance, elles nous paraissaient en ce moment au niveau de leurs succès momentanés ; ils ne nous parlaient de rien moins que de la prochaine reddition de Tlemcen, Mascara, Zebelou ; tous alors retourneraient dans leur patrie ; nous conserverions les villes du littoral seulement, et nous serions bientôt amis par ce partage qui devait arranger les deux nations. A de semblables illusions, à d'aussi folles croyances nous opposions un silence négatif ; mais il était facile de voir que leurs prétentions seraient lentes à s'évanouir.

Tout fut mis en usage pour nous persuader que nous trouverions chez l'émir le bien-être dont nous jouissions au service de la France. Un troupeau de bœufs assez considérable fut parqué près de nous, et une distribution de viande eut lieu, d'abord tous les deux jours, puis tous les quatre jours. Les soldats de l'émir n'en recevaient que tous les huit jours. On régularisa quotidiennement des distributions d'orge et de sel, cette ration était suffisante et l'on donna quelques moulins à bras, que nous fîmes répartir à nombre égal d'hommes par détachement. Ces moulins ne suffirent qu'étant continuellement employés jour et nuit.

Nos hommes commencèrent par se faire individuellement et quotidiennement une galette arabe avec cette farine d'orge, et le surplus était employé en bouillie délayée dans l'eau avec un peu de sel. Cette nourriture était détestable ; un grand nombre d'hommes fut atteint de diarrhée et de dyssenterie; nous cherchâmes à arrêter le mal et fîmes construire des fours : ce moyen nous réussit parfaitement ; dans peu de jours nous parvînmes à faire d'excellent pain, et tout le détachement s'en trouva mieux.

Mon détachement fut présenté à la deïra, comme l'avait été celui de M. Courby de Cognore. Je demandai à rester au camp ; j'étais fort souffrant, et on me le permit. Le couscouss fut offert à mes hommes ; la mère de l'émir prépara celui des officiers.

Une jeune Française, Zoléka, née à Arles et mariée à un chef arabe, Hady Bachir, les reçut également dans sa tente : c'était elle qui, la première, s'empressa de faire quatre chemises qu'elle offrit au colonel Courby; elle joignit à cela des provisions de bouche, un oreiller et plusieurs objets qui indiquait de sa part la plus bienveillante attention. Cette malheureuse enfant partageait depuis six ans toutes les misères des Arabes et suivait toutes leurs courses vagabondes; voici ce qu'elle nous a rapporté de son histoire :

Un misérable, nommé Mannucci, entretenait avec sa mère une liaison qui durait depuis plusieurs années ; il était, en 1839, employé comme ouvrier dans les fabriques naissantes de l'émir ; il persuada à la mère et à la fille, qui habitaient Oran, de le suivre jusqu'à Mascara, où il avait des recouvremens à faire, et, au lieu de cette route, leur fit suivre celle de la deïra ; l'intelligence qu'il déployait dans ses travaux et dans un petit commerce de marchandises avec les Arabes l'ayant mis à la tête d'une somme assez ronde, il fut décapité par ceux qui convoitaient son argent, et la mère et la fille vinrent se placer sous le patronage de l'émir.

Abd-el-Kader maria Zoléka au chef Hady Bachir ; la mère resta près d'elle comme servante...

A notre arrivée, Zoléka semblait s'accommoder de son sort assez patiemment; son mari, disait-elle, était bon pour elle, et, chose rare chez les Arabes, sans volonté près de sa volonté.

Zoléka était enceinte de quatre mois lors de notre arrivée à la Mélouïa ; par pudeur ou par amour-propre elle nous cacha sa position ; elle se trouvait donc à peu près heureuse, quand une seconde femme de Bachir, prisonnière à Mascara, et fille de marabout, vint mettre le trouble dans cette union presque française. Zoléka eut un fils, et, comme le titre de mère d'un enfant mâle est respecté chez l'Arabe, elle parvint longtemps a maintenir ses droits ; mais elle devait céder plus tard, et n'en est pas plus malheureuse pour cela. Hady Bachir a fini par la répudier aux sollicitations de sa nouvelle épouse, qui lui reprochait à chaque instant le partage de ses faveurs avec une chrétienne, et Zoléka s'est replacée de nouveau sous la protection de l'émir, qui la garde près de ses femmes. C'est la mère de cette jeune Française que nous avons ramenée avec nous en rentrant de captivité. Zoléka nous a rendu de grands services, plus tard j'en reparlerai.

Cependant quelques vols avaient lieu de temps en temps ; nos soldats se voyaient enlever tantôt une gamelle de campement, un bidon, une couverture, tous objets de la plus grande utilité dans le dénuement où nous étions ; ils s'adressèrent à nous ; les objets furent rendus, les voleurs sévèrement menacés, et prière nous fut faite de la part des chefs de défendre à nos soldats de céder ou de vendre aucun des objets qui leur appartenaient. Malgré cet ordre, la faim les fit souvent passer outre. Un malheureux accident vint bientôt préluder aux privations de toute espèce que nous étions destinés à supporter. Le feu prit au camp ; à peine eut-on le temps de s'échapper des gourbis ; un grand nombre d'hommes étaient absens, soit anx bains soit aux provisions de bois ou d'eau : dans un instant tout fut consumé. Nous n'eûmes à déplorer dans cette catastrophe, dont on eût ri en toute autre circonstance, la mort d'aucun de nos hommes, malgré que l'on eût encore assez de peine à sauver quelques blessés qui ne pouvaient bouger de leur gourbis; mais nous perdîmes ce jour là une grande quantité de couvertures, sacs de campement, capotes et effets de toute espèce, que l'approche de l'hiver allait rendre de la plus indispensable nécessité.

Cet accident détermina les chefs à nous faire changer de camp, et nous allâmes le lendemain bivouaquer à deux lieues en amont de notre premier camp sur la Mélouia.

Le 10 octobre, l'interprête Joseph fut dirigé sur la colonne de l'émir : nous le quittâmes avec un profond regret : il nous était de la plus grande utilité près des Arabes; il partit pour ne plus revenir et fut assassiné plus tard par les Créalas d'Abd-el-Kader.

Nous reçûmes quelques jours après des lettres de MM. les généraux Cavaignac et de Lamoricière : un sac de mille francs était joint à cet envoi, il nous fut fidèlement remis et le colonel Courbi s'occupa d'acheter des haïcs et des chemises pour couvrir la plupart de nos hommes, presque entièrement nus.

On nous envoyait en même temps des médicamens, et jamais ils n'arrivèrent en temps plus opportun.

Notre nouveau camp était achevé, nous construisîmes un vaste gourbi pour servir d'ambulance et organisâmes cette infirmerie comme si nous eussions été dans un camp français.

Cependant, les maladies commençaient à exercer leurs ravages; au bout d'un mois, une dixaine d'hommes avaient déjà succombé : nous engageâmes nos soldats à prendre courage, à ne point se laisser abattre par le malheur; les lettres de nos généraux, lettres pleines de l'espérance d'un prompt retour pour nous dans notre patrie, leur furent communiquées, et nous leur fîmes comprendre ce que nous croyions comprendre nous-mêmes, que la France ne pourrait laisser longtemps trois cents de ses enfans entre les mains d'un ennemi barbare, sans faire, pour les en retirer tous les sacrifices d'argent ou d'échange imaginables :

Nous les trompions...., nous nous trompions nous-mêmes!...

Ce n'est qu'après une année de captivité;

Ce n'est qu'après le massacre de trois cents hommes;

Ce n'est qu'après avoir écrit aux nôtres que nous, onze survivans, nous avions aussi le couteau sur la gorge et que nous nous apercevions bien que l'on nous sacrifiait comme on avait fait de nos hommes;

Ce n'est qu'au mois de septembre 1846 qu'on a fait à l'émir des propositions d'échange.

Il a reçu cette lettre au moment où notre reddition s'opérait par Melillia; il y avait, nous a-t-on dit, une somme de mille francs jointe à cet envoi. Abd-el-Kader a gardé l'argent et la lettre.

Sidi-Caddouce-ben-Allal, kalifa de l'émir et frère de Sidi-Embarrack, défait dans un de nos combats et décapité lui-même, se trouvait avec nous à la smala, atteint d'un coup de feu à l'épaule. Sa blessure l'avait forcé de quitter l'émir pour venir profiter des soins du docteur Cabasse. Son aménité, ses bons procédés à notre égard, nous présagèrent en lui un excellent défenseur contre toute espèce de vexations : il ne trompa point nos espérances pendant le temps que dura sa convalescence, nous offrant souvent le café dans sa tente, nous recevant avec bonté, politesse, toujours avec des paroles consolantes à la bouche. Plus tard, nous fûmes détrompés à son égard, comme à l'égard de tant d'autres : mais ne devançons pas les événemens...

Les marchés se tenaient près de notre camp : ces jours-là, nous étions entourés de Marocains, de Beni-Senassen; tous venaient nous obséder de leur stupide curiosité; nos soldats en profitaient pour leur échanger, malgré nos avertissemens, leurs couteaux ou leurs boutons de capote contre des galettes ou du raisin sec. Un Maure profita de cette circonstance pour nous remettre secrètement un papier. C'était une lettre de M. le colonel gouverneur de Melillia qui, ayant appris notre séjour non loin de sa place engageait un des officiers, le chef, s'il était possible, à se confier à son émissaire qui le rendrait en peu de temps à la liberté. Malgré tous les caractères de vérité que nous offrit cette lettre, elle était datée de deux mois quand elle nous parvint; nous nous consultâmes, et jugeant par là, qu'elle pouvait fort bien avoir été lue, avant de nous être communiquée et que ce pouvait être une ruse pour connaître nos intentions, nous nous abstînmes de répondre par écrit. Nous remerciâmes verbalement M. Demetrio, et lui observâmes qu'il était impossible, à nous officiers, de penser à la liberté pendant que nos soldats resteraient prisonniers.

A peu près à la même époque, nous apprîmes qu'un bateau espagnol s'était jeté sur la côte et que trois marins n'avaient échappé au naufrage, que pour tomber entre les mains des Kabyles du littoral.

Nous allâmes trouver un des chefs du camp, l'Hady-Habib, désigné par l'émir pour pourvoir à nos besoins, et caissier des fonds destinés à cet usage. Nous le suppliâmes d'envoyer aussitôt un cavalier vers la montagne, pour retirer à prix d'argent ces malheureux de leurs mains, et leur faire partager notre captivité, qui leur serait plus douce au milieu de nous.

Nous offrîmes tout ce que nous avions d'argent disponible pour négocier ce marché, et jusqu'à nos chevaux qu'on nous avait laissés à M. Cabasse et moi; L'Hady-Habib adhéra à notre prière, nous écrivîmes quelques mots d'espérance et de consolation à nos futurs compagnons d'infortune, et un cavalier fut dépêché pour les racheter à nos frais. C'était une circonstance qui ne s'est peut-être jamais rencontrée, que des prisonniers rachetassent d'autres prisonniers pour leur procurer une communauté de privations et l'agrément d'une nouvelle captivité. Notre lettre fut remise aux trois Espagnols; il nous exprimaient, en termes pressans, l'affreuse position où la destinée les avait placés et le bonheur qu'ils auraient à se joindre à nous. Je me rappelle encore cette phrase :

Lèva mi de isto inferno qué no püedo vivere.

Retirez-moi de cet enfer où je ne peux vivre.

Nul de nous ne savait l'espagnol, mais, un peu de latin aidant, nous déchiffrâmes le tout. Le lendemain, nous apprîmes que le gouverneur de Melillia avait engagé les Kabyles à les conduire dans sa place, qu'il avait payé leur rançon, et que, plus heureux que nous, ils étaient rendus à la liberté.

Après le kalifa Sidi-Caddour, le chef militaire du camp était Hady-Salem, commandant un bataillon de fantassins. il avait près le lui le *krodya* (écrivain) Si-Mohamed; j'aurai occasion de parler de ce dernier.

Les Arabes se lassèrent bientôt de ces dépenses régulières qu'ils étaient obligés de faire pour notre subsistance, dans le but de se conformer à nos habitudes et de se montrer aussi puissans que nous; car, tout misérables qu'ils sont, ils sont gonflés d'orgueil et cherchent à nous copier en ce qui a rapport à nos réglemens militaires. Ils le font de la manière la plus burlesque; je dirai, à ce propos, qu'ils ont tambours et clairons dont ils se servent pour indiquer les différens services; ces derniers sont de toutes les fêtes, de tous les baptêmes; retraite, distribution, prise d'armes, tout se fait au son du tambour. Lorsque quelques cavaliers de la colonne de l'émir rapportaient de ses nouvelles à la deyra, le tambour préparait sa caisse, le clairon son instrument, dont nos plus célèbres musiciens ne se sont jamais doutés qu'on pût tirer des sons aussi extraordinaires que ceux qui ont frappé nos oreilles.

Ils ont également institué des grades : l'aristocratie du commandement ne se fait sentir, du chef au subordonné, que dans le service seulement; hors de là, tous sont frères; ils reçoivent ou ne reçoivent pas les émolumens suivans :

Un commandant.	50	fr. par mois.
Un officier de compagnie.	30	»
Un kerodja ou fourrier. .	30	»
Un sergent ou tambour. .	15	»
Un caporal.	8	»
Un soldat. . . . . . . , . .	6	»

Nous avons vu faire deux ou trois fois une solde régulière, c'était lorsque les affaires de l'émir étaient à la hausse; mais nous avons aussi vu les serviteurs d'Abd-el-Kader rester sept et huit mois sans solde; nous avons vu rogner la ration d'orge du cheval, la supprimer même pour la distribuer à son maître, et au bout de ce temps, en donnant un douro par homme, chef ou soldat, toutes les exigences étaient satisfaites; et on attendait patiemment que Dieu voulût bien envoyer le reste. *Moulèna Iffarady* (Dieu y pourvoiera.)

Notre comptable des viandes, désigné par nos soldats sous le nom de *marchand de beurre*, allait acheter au marché des vaches qui, par leur état sanitaire, auraient eu toutes les conditions requises chez nous pour être traînées à Montfaucon; il les payait 3 ou 4 francs la pièce, et, en habile intendant, les portait sur ses registres à un taux raisonnable. Nos soldats portaient souvent ces vaches du marché à l'abattoir; tout disparaissait néanmoins, tout jusqu'aux boyaux, jusqu'aux oreilles de l'animal. Bientôt après, l'inquiétude que nous donnait la mauvaise qualité de ces viandes pour la santé de nos hommes se dissipa complétement; on ne nous en distribua plus, et la nourriture de nos soldats se composa uniquement de deux jointées environ d'orge par jour, avec ou sans sel.

Nous comprenions avec douleur que cet état de chose allait décimer notre malheureux détachement. Nous avions subi progressivement, quant à nous, officiers, les diminutions faites pour nos soldats; nous ne recevions plus qu'un peu de beurre salé tous les huit jours, du café et de la cassonade; mais du blé au lieu d'orge. Nous formâmes le projet d'inviter chaque jour un de nos hommes à notre table, et cela eut lieu. Il y avait chez nous soupe, bouilli, pain, café et tabac; j'oublie un plat de laitage qui paraissait quelquefois, et que nous devions à notre pauvre Maza, c'est le nom d'une chèvre que nous avions achetée, et qui s'était tellement habituée avec nous, qu'elle nous suivait sans être attachée, connaissait parfaitement notre gourbi et venait s'y faire traire tous les matins. Maza fut à la fois la nourrice des prisonniers, d'un chacal et d'un chien.

A ce repas, auquel nos sous-officiers furent engagés les premiers, nous parlions à nos pauvres camarades de leur pays, de leur famille, du temps passé, de l'avenir; nous cherchions à jeter dans leur âme un peu de joie, un peu d'espérance; et, grâce au caractère heureux, à l'esprit aimable de M. Hillairain, qui faisait souvent à lui seul presque tous les frais de gaieté, nous parvenions chaque soir à les renvoyer, à tour de rôle, avec l'oubli de leurs peines et le contentement dans le cœur.

Nos hommes fabriquaient des pipes avec la terre glaise que déposait la Mélouïa : nous en avions tous reçu de la plupart d'entre eux : sur ces pipes étaient mille inscriptions pour souvenirs; nous étions heureux de les voir s'occuper, se désennuyer un peu; cela leur faisait oublier souvent qu'ils avaient froid et faim!...

Le 31 octobre, un bataillon de tholbas rentra de la colonne de l'émir et bivouaqua près de notre camp; il était fort de trois cents hommes environ, et retournait à Glaïa, ayant assisté aux deux affaires de Djemma-Ghazouat et Aïn-Témouchet.

Ces tholbas (ou savans) sont composés de personnages instruits et religieux de tous les pays, de toutes les villes de l'Algérie; ils sont entièrement dévoués à l'émir, qui les emploie dans les correspondances qu'il tient sur tous les points de l'Afrique. Le caractère religieux dont ils sont investis leur donne une grande influence, et ils sont reçus par les grands avec tous les honneurs possibles. C'est par l'intermédiaire de l'un de ces tholbas, Sidi-Moctar, que nous avons obtenu notre liberté.

Nous reçûmes le lendemain, du général Cavaignac, du linge et des médicamens pour nos blessés. M. le colonel Courbi lui répondit, en lui exposant l'état de dénuement où étaient nos hommes et les besoins nécessiteux que nous allions ressentir aux approches de l'hiver. Nous reçûmes presque immédiatement un nouveau secours de 1,000 francs et une boîte à amputation, dont le docteur Cabasse fit aussitôt usage pour un chasseur nommé Bourdin, à qui il coupa le bras. Je lui servis de sous-aide en cette circonstance : le patient supporta l'opération avec le plus grand courage, mais succomba peu de temps après.

Les eaux de la Mélouïa avaient considérablement augmenté ; l'orge nous arrivait des tribus des Beni-Senassen placées sur la rive droite, et la rivière était tellement rapide et profonde que personne ne voulait se hasarder à la traverser. Nous restâmes deux jours sans vivres ; mais, le troisième, voyant que les eaux ne diminuaient pas, et poussés comme nous par la faim, Arabes et Français se jetèrent à la nage, et essayèrent de transporter de notre côté le chargement des mulets déposé sur l'autre rive. Cette opération ne se fit pas sans danger ; mais le passage de l'orge eut lieu.

Nous eûmes depuis ce moment des inquiétudes sérieuses pour l'hiver qui approchait : ce cas pouvait se renouveler souvent ; nous conseillâmes à nos soldats d'économiser une partie de leur farine, quelque minime que fût leur ration, pour obvier aux circonstances que nous redoutions, et qui ne se sont malheureusement présentées que trop souvent.

Les ressources envoyées au colonel Courbi pour les prisonniers furent presque aussitôt employées. Nous avions

2

quelques tailleurs parmi nos soldats; nous improvisâmes un atelier. On confectionna immédiatement des chemises, des petits capuchons, des pantalons faits avec des haïcs, et chaque jour nous pouvions en distribuer aux plus nécessiteux. On acheta également du tabac; enfin, une somme d'un franc par homme fut distribuée pour se procurer quelque douceur. Nous manquions de chaussure : les babouches ou souliers arabes étaient à un prix trop élevé pour que nous pussions en acheter; nous pourvûmes cependant à ce besoin en demandant à l'Arabe chargé des distributions les peaux des bœufs qu'on abattait pour notre usage. Quatre cordonniers, pris dans les deux détachemens, se mirent à l'œuvre et nous improvisèrent une manière d'espadrilles, ou pour mieux dire une espèce de chausson dont la durée ne pouvait être longue en temps de voyage, mais assez convenable pour rester au camp.

Nous étions dans l'ignorance la plus complète sur tout ce qui se passait à vingt lieues de nous; je dis ignorance, car nous n'ajoutions point foi aux mensonges monstrueux que nous débitaient chaque jour les Arabes.

Aujourd'hui, on nous rapportait que l'émir assiégeait Tlemcen; que quinze mille Français étaient morts dans les neiges... qu'Abd-el-Kader avait pris un convoi tout entier. Enfin, c'étaient des succès journaliers que les Arabes célébraient chez le cafetier maure de la Smâla, au son du tamtam et de la flûte, et qu'accompagnait en glapissant la voix prophétique et vénérée d'un vieux marabout.

Le kalifa Sidi-Caddour, à peine rétabli de ses blessures, partit pour rejoindre la colonne de l'émir. Il avait avec lui une dizaine de cavaliers. D'après les nouvelles que l'on avait reçues, Abd-el-Kader se trouvait dans la province d'Alger, et c'était là que le kalifa devait le rejoindre. Il fallait pour cela traverser toutes nos possessions ou faire le grand tour par le Sahara. Je ne sais quelle route il a prise, mais il se trouvait, peu de temps après, dans la province de Miliana, qu'il avait soulevée, et où il a eu plusieurs engagemens. C'est de là qu'il fit enlever un de ses frères qui était à Colëha, et qu'il a ramené avec lui.

Le kalifa Boamidi arriva peu de jours après le départ de Sidi-Caddour, et le remplaça pour le commandement du camp. Boamidi était resté chez les Beni-Snouss pour les maintenir sous la domination de l'émir, pendant que ce dernier poussait en avant, laissant l'insurrection derrière lui. Il vint au camp présider aux marchés; une tente lui fut dressée non loin de la nôtre : il nous fit demander, s'informa de notre santé, de nos besoins, nous engagea avec intérêt à prendre patience, nous assurant qu'Abd-el-Kader ne mettrait pas d'entraves de son côté à notre échange; il nous invita à prendre le café, et nous fit remettre par l'Hady Habib un secours d'argent venant de l'émir.

Boamidi a une figure avenante, un peu rude, mais franche et qui plaît au premier abord. C'est un homme de petite taille, peau très brune, nez grec, yeux vifs et empruntant encore une expression au henné dont il borde ses paupières; barbe et moustaches noires et assez peu fournies; il est légèrement gravé de petite vérole; sa tenue est très simple, comme celle d'Abd-el-Kader; il porte un burnouss blanc, recouvert d'un second de couleur brune; il y a dans ses manières et dans son langage une empreinte de dignité et de commandement qui frappe au premier abord; on lui donne de trente-huit à quarante ans.

Il recommanda expressément au commandant nègre Hady-Salem de veiller à ce que nos soldats ne fussent pas maltraités par les siens, et promit de nous revoir dans peu.

Quelques jours après cette visite, Boamidi fit appeler à sa tente les officiers français : on nous donna des chevaux, et nous fûmes conduits près de lui. Son douar était à une lieue du camp. On nous fit mettre pied à terre; une tente était dressée pour nous. Le kalifa nous fit apporter par ses esclaves des galettes au miel, du couscouss et du café. Ce repas terminé, il fit demander M. de Cognord et lui dit :

« Qu'il fallait écrire de suite, soit au maréchal, soit au

général Cavaignac, et les presser pour l'échange des prisonniers; que le Maroc faisait à la France la promesse d'obliger l'émir à nous rendre par force, et que cela n'aurait pas lieu; que, plutôt de nous céder ainsi, *Abd-el-Kader saurait ce qu'il aurait à faire*; que l'émir consentait à un échange de gré à gré, d'homme à homme ; que si les nôtres ne jugeaient pas à propos de restituer tous les prisonniers arabes, ils en envoient au moins une partie, et que *Dieu ferait le reste.* » M. de Cognord vint nous apprendre l'issue de son entrevue, et nous écrivîmes à l'instant, sans rien modifier aux paroles du kalifa. C'était la première fois que les Arabes entamaient auprès de nous cette question d'échange, et pas un de nous ne douta qu'elle ne dût être acceptée.

Le cavalier qui porta cette lettre fut retenu prisonnier à la Maghrnia, et ne revint pas. Il paraît qu'il était chargé secrètement de répandre plusieurs lettres adressées à des chefs de tribus sur le territoire qu'il allait parcourir; Boamédi faisait d'une pierre deux coups, et on découvrit ce dangereux messager.

Notre lettre n'en arriva pas moins à destination, et M. le général Cavaignac répondit plus tard : « Qu'il avait transmis à M. le maréchal les ouvertures d'échange faites par Boamidi au nom de l'émir, mais qu'il n'était nullement compétent, pour son propre compte, dans cette question.»

Le 25 décembre Sidi-Saada, frère d'Abd-el-Kader, vint au camp. Ce chef habitait le pays des Beni-Senassen, non loin d'Ougeda ; c'était lui qui dirigeait de ce point des convois de vivres et de munitions à l'émir. C'est un personnage assez peu important et non militaire. Cabasse fut demandé par lui, et lui arracha une dent.

Le kalifa Boamidi, qui nous avait séduits par l'affabilité de son langage, revint nous voir peu de temps après. M. Courbi lui parla de l'état de nudité de nos soldats. Il demanda à les voir, et s'assura par lui-même de leurs besoins. Le lendemain il nous envoya *trois haïcs* pour couvrir les plus nécessiteux, en disant que c'était tout ce qu'il avait pu trouver à acheter.

Une grande partie de nos hommes souffraient déjà horriblement du froid et d'un régime si différent de celui auquel ils étaient habitués : beaucoup succombaient, surtout parmi les jeunes soldats. Une mauvaise pelle, seul outil qui existât dans le camp, servait à creuser leur tombe, et chaque fois nous annonçions cette mort aux chefs du camp, leur dépeignant les souffrances qui tuaient nos hommes, comme s'il était en leur pouvoir de les abréger ou de les faire cesser. Nos lettres à nos généraux devenaient pressantes, on envoyait chaque fois l'état des hommes morts depuis la dernière correspondance ; on nous répondait : Espérez ; vous ne pouvez rester dans une semblable position ; dans peu, nous comptons vous revoir.

Nous apprîmes, dans le courant de décembre, que M. Lacotte, lieutenant du train, avait été fait prisonnier et se trouvait en ce moment près de l'émir. Il nous l'écrivit lui-même : Abd-el-Kader, nous disait-il, l'entourait d'égards, lui avait donné un cheval et une tente et l'avait prié de nous assurer de toute sa bienveillance. L'émir avait, par l'entremise de M. Lacotte, fait des propositions d'échange à nos généraux ; M. Lacotte nous disait à ce sujet qu'il n'y aurait aucunes difficultés de la part de l'émir, mais qu'il en craignait du côté des nôtres.

M. Lacotte terminait en disant qu'il désirerait nous rejoindre : peu de temps après il mourait assassiné comme l'interprête Joseph, par les Créolas de l'émir, au moment d'une attaque nocturne.

Le 30 décembre, un soldat arabe du camp nous remit une lettre à notre adresse : elle lui avait été donnée, nous disait-il, par un Kabyle, le jour du marché, nous l'ouvrîmes, elle était conçue en ces termes :

« *Dic mihi quid agis, quid comites agunt, si possum vos* » *liberare ; hunc hominem quem mitto credere potes.* »

Personne n'avait signé ce billet, et il était assez singulier que ce fût un soldat de l'émir qui nous le remît. Nous ne répondîmes pas et le rendîmes sans avoir l'air d'y attacher la moindre importance, en disant au porteur que cette lettre n'était pas en français; nous n'avons jamais su, moi, du moins, d'où elle provenait. Voilà la traduction de cette lettre :

« Dites-moi ce que vous faites, vous et vos compagnons, » dites-moi si je puis vous délivrer. Vous pouvez vous » fier au porteur de ce billet. »

Le 1er janvier, nous fûmes réveillés de grand matin par les tambours et clairons de nos détachemens qui avaient emprunté caisses et instrumens aux Arabes, pour nous rendre leurs devoirs du premier de l'an. La sérénade et la diane vinrent nous trouver là comme en France; nos soldats arrivèrent par députations des plus anciens; on s'embrassa, on se serra la main, puis, vint le tour des sous-officiers, puis des caporaux. Nous fûmes tous profondément émus de ce souvenir, de cette attention. Nous profitâmes de l'occasion pour mettre un peu de baume sur leurs plaies, nous parlâmes de la France que bientôt nous reverrions tous, de nos généraux qui sauraient bien nous retirer de là et se rappeler que trois cents de leurs enfans gémissaient non loin d'eux; enfin, à défaut de la goutte d'eau-de-vie qu'on offre en pareille circonstance, nous leur distribuâmes de l'argent pour prendre quelques tasses de café maure, du tabac, et M. Courbi fit, sur les fonds destinés aux prisonniers, une nouvelle solde d'un franc par homme.

Nos soldats nous avaient donné l'exemple, cette intention, du reste, nous l'avions également. Nous retirâmes de dessous la paille où nous couchions, nos effets militaires, nous nous rasâmes à tour de rôle avec le seul outil, d'écorchante mémoire, que possédât le docteur Cabasse, et fûmes faire une visite de corps à M. le commandant Courbi, qui nous la rendit avec toute la courtoisie possible.

Le 9 février, on vint nous prévenir presque à l'improviste qu'il fallait quitter le camp : il était midi environ. La veille, nous avions cru remarquer un peu d'inquiétude chez les Arabes, et pendant la nuit deux chefs étaient venus faire la ronde près de notre gourbi et s'assurer si nous étions bien présens.

Cet ordre de départ était tellement pressé qu'on ne nous donna ni le temps ni les moyens d'aviser à transporter le peu de bagages que nous avions. La plupart de ces objets, qui étaient pour nous de la plus grande nécessité, tels que moulins, plats, cruches, restèrent au camp. Nous allâmes de suite demander des mulets pour quatre hommes malades à l'infirmerie, et hors d'état de faire un pas; le chef, à qui nous nous adressâmes, nous dit de partir, que les mulets allaient arriver de la deyra, et que ces hommes nous suivraient : le docteur Cabasse resta seul avec eux. Quant à nous, on nous fit immédiatement sortir de l'enceinte du camp et mettre en route. Cabasse attendit quelque temps et se trouvait avec plusieurs Arabes occupés à faire leurs chargemens; le chef du camp lui dit de nous suivre, qu'une dixaine de soldats arabes étaient malades également, qu'on attendait des bêtes de somme pour eux, et que tous partiraient ensemble. Cabasse, confiant dans ces paroles et pressé, menacé même par les soldats qui l'attendaient, se décida à nous rejoindre. Nous nous dirigeâmes vers l'ouest en remontant la Mélouïa.

M. Courbi marchait à pied, je lui offris mon cheval qu'il accepta pour le donner, un instant après, à un homme malade.

A la nuit tombante, on nous fit camper près de la rivière. Nous étions à peu près à cinq lieues du camp que nous venions de quitter; il était facile de voir qu'il se passait chez les Arabes quelque chose d'extraordinaire. Ils nous placèrent en tas sur un petit plateau, nous entourèrent avec la plus scrupuleuse surveillance, escortèrent nos hommes à l'eau, au bois avec la dernière sévérité, en les menaçant même, et nous prévinrent qu'on partirait dans la nuit. Il était huit heures du soir, nos soldats étaient fatigués et se couchèrent à l'emplacement où ils étaient sans s'occuper même de leur nourriture. Fort heureusement que presque tous avaient une provision assez raisonnable de farine d'orge économisée d'après nos conseils, et qui leur fut, dans ce voyage, de la première utilité.

Le chef de la troupe, Hady-Salem, fit creuser au pied d'un arbre un trou assez profond et y enterra un coffre dont nous ignorâmes le contenu. La deyra et toutes les tribus soumises à l'émir avaient suivi notre mouvement; tout semblait en émoi, et les visages des Arabes habituellement assez doux, assez familiers avec nous, avaient une expression de haine et de mécontentement difficile à décrire.

Pendant la nuit, les Arabes restés à l'ancien camp vinrent nous rejoindre. Nous leur demandâmes s'ils emmenaient nos quatre soldats avec eux. Ils nous répondirent qu'au moment où ils allaient quitter le camp, les Beni-Senassen y étaient entrés et avaient égorgé nos malades et les leurs. Nous eûmes peine à croire à cette atroce nouvelle; nous allâmes de suite chez le commandement Hady-Salem qui nous la confirma en prenant un air peiné. La consternation nous rendit muets d'horreur et d'indignation : nos pauvres soldats, qui ne tardèrent pas à en être instruits, semblaient glacés d'effroi. Ce premier meurtre nous en fit présager de nouveaux pour l'avenir, et cette crainte ne tarda pas à se réaliser. L'Arabe est comme le tigre : le sang l'enivre et l'anime au carnage !...

Je considérais tristement quelques feux de bivouac autour desquels étaient assis des zouaves : plusieurs d'entre eux avaient coupé des batons et les tournaient dans la flamme pour les faire sécher. L'un d'eux, nommé Duval, qui depuis plusieurs jours avait échappé, comme par miracle, à la plus funeste maladie qui pût l'attaquer dans les conditions où nous nous trouvions (la dyssenterie), se détacha du groupe et vint à moi,

« Lieutenant, me dit-il en me prenant la main, adieu! » nous sommes trois zouaves décidés à partir cette nuit » même, tout à l'heure. »

Pauvres enfans, lui dis-je, que Dieu vous protège et vous rende à la liberté! Avez-vous des vivres? Connaissez-vous la route? Dirigez-vous sur le soleil levant.

Je pris dans nos paniers deux pains, quelques poignées de raisin sec. Courage, lui dis-je, et ne voyagez que la nuit.

Avez-vous des couteaux? Non, lieutenant, mais nous fabriquons des bâtons.

Quels sont vos camarades? Le sergent Chaise et Podgi. Je m'avançai près d'eux sans avoir l'air de vouloir leur parler; un zouave m'offrit une place près du feu : Chaise et Podgi me serrèrent la main en silence, et je retournai près de mes camarades, ému du danger qu'allaient affronter trois malheureux sans défense, et tremblant à chaque instant d'entendre un coup de feu prévenir les Arabes de leur départ.

Tous les trois essayèrent en vain de franchir la haie de soldats qui nous bordaient : ils prétextèrent en vain des besoins et sortirent pour un instant chacun dans une direction différente; mais les sentinelles les surveillaient et les forcèrent à rentrer presque aussitôt.

Chaise vint à moi : « Lieutenant, nous n'avons pas pu » nous échapper; nous vous rapportons vos vivres, vous » n'en avez pas trop pour vous. » Nous leur laissâmes le tout; je dis *nous*, car je venais de faire part à mes camarades de cette fuite qui se complotait au milieu de nos ennemis, et leur émotion égalait la mienne.

A une heure du matin, on nous fit lever et partir; quelques hommes malades vinrent nous trouver en disant qu'il leur était impossible de marcher; nous les suppliâmes instamment de s'armer de courage et de suivre; nous leur donnâmes nos chevaux, le docteur Cabasse et moi; Hady Salem nous conseilla de laisser ces hommes dans une tribu qui se trouvait voisine de nous, prétextant que nous reviendrions bientôt les prendre, et nous assurant que le malheur qui était arrivé n'aurait plus lieu; que ces malades étaient dans l'impossibilité de nous suivre parce que nous avions une longue route à faire. M. Courbi de Cognord ajoutait foi à ces paroles, et consentait à les laisser; j'insistai résolument pour que cela n'eût pas lieu; j'observai au commandant que s'il arrivait un malheur, nous en serions responsables après un pareil exemple. Dominique, soldat au 41e, faisant partie de mon détachement, reçut l'ordre formel de ma part de suivre, et M. de Cognord se rendit à mon avis, quand M. Cabasse et moi lui eûmes dit que nos chevaux porteraient les malades tour à tour, et que nous nous arrangerions pour ne laisser personne en arrière.

Nous marchâmes pendant dix-sept heures sans nous arrêter, nous dirigeant vers le nord, du côté des montagnes du Rif.

Malgré toute notre surveillance à faire passer en avant les hommes malades, deux d'entre eux qui s'était arrêtés, épuisés de fatigue, et qui se trouvèrent un peu en arrière, furent massacrés par l'arrière garde.

Cette journée de marche fut terrible : tous les officiers la firent à pied, à l'exception du colonel Courbi à qui un chef arabe offrit son cheval pour quelques heures seulement. La plupart de nos soldats marchaient pieds nus à travers des ronces, des cailloux qu'ils teignaient de leur sang : nous nous engageâmes dans les montagnes du Rif et arrivâmes enfin au lieu destiné pour le bivouac. Nous étions au centre des populations marocaines et nous avions été dirigés sur le point où nous nous trouvions par un chef de cette nation. Nous restâmes plusieurs jours en cet endroit ; on fit quelques distributions d'orge, mais il n'y avait pas de sel, et il fallut nous en passer. Cette privation, à laquelle on nous accoutuma par la suite, nous causa plus tard d'affreuses maladies. J'en parlerai en temps et lieu. Ce départ, cette fuite précipitée nous furent expliqués plusieurs jours après par des chefs arabes qui nous rapportèrent qu'une colonne française avait poussé une pointe à marche forcée vers la Mélouïa, dans l'espérance de s'emparer de la deyra et de nous; qu'elle se trouvait fort voisine de notre premier camp au moment où nous le quittâmes, et que même la cavalerie était arrivée sur son emplacement.

Nous déplorâmes cette funeste campagne qui avait fait couler le sang de six malheureux Français, et priâmes Dieu d'inspirer aux nôtres des moyens moins meurtriers pour mettre un terme à notre captivité.

Nous restâmes au même camp du 10 au 14 février; on allait à l'eau à un quart de lieue de là; deux ou trois puits en fournissaient assez abondamment pour subvenir à nos besoins et à ceux d'un grand nombre de tribus marocaines qui envoyaient chaque jour leurs femmes chargées de peau de bouc s'y approvisionner. Nos hommes n'y allaient qu'escortés par les Arabes; ces derniers avaient l'air de craindre la malveillance des Marocains à notre égard. Un caporal de zouaves, qui s'était éloigné de ses camarades, fut presque assommé par un Kabile des environs. Il revint la tête ensanglantée, et ne dut la vie qu'à l'arrivée de deux chasseurs, à l'approche desquels l'assassin prit la fuite. Nous nous plaignîmes amèrement de ce mauvais traitement au commandant Hady-Salem, qui fit placer de suite une garde armée près de l'eau, et nous pria de recommander à nos hommes de ne pas quitter le bivouac isolément.

Pendant les quatre nuits que nous passâmes à cet endroit, les Arabes se gardèrent militairement; les sentinelles se croisaient autour de l'enceinte du camp, répétant à chaque instant ce cri d'éveil : *Assass!.....* (gardes), et s'emblaient redouter plus particulièrement les vols de chevaux de la part de leurs voisins.

Quand les Arabes furent assurés par leurs espions

qu'ils n'avaient plus rien à craindre de la part de nos colonnes, ils nous firent quitter ce point et nous dirigèrent de nouveau sur la Melouïa. Nous passâmes, chemin faisant, à quatre lieues environ de Melillia, que nous laissâmes à gauche. On nous fit coucher à trois lieues des points que nous quittions, et le lendemain, 15 février, nous arrivâmes à la Melouïa, environ quatre lieues au-dessus de notre deuxième camp.

Boamidi était campé près de nous et avait échelonné toutes les tribus des Beni-Amers et des Hachem dans les environs : le lendemain de notre arrivée, il y eut un marché près de notre nouveau camp ; les Beni-Amers y vinrent en grand nombre ; Boamidi leur fit faire le couscouss pour nous et en fit apporter d'énormes plats à nos soldats, qui n'avaient reçu depuis quelques jours que de très faibles distributions. Il y eut, dans cette nombreuse assemblée d'Arabes, une rixe qu'appaisa bientôt la présence du kalifa : les soldats du camp allèrent y mettre le bon ordre, et, dans cet intervalle, plusieurs hommes de nos détachemens s'évadèrent.

Bernard, chasseur, et Gagne, soldat du train, partirent ensemble : le premier arriva à Djemma-Ghazaouat au bout de six jours, après des souffrances inouïes, après des angoisses terribles. Gagne, qui se sépara de lui et que la fatigue força de rester en arrière, fut assassiné par les Beni-Senassen, et ses effets sanglans furent rapportés le lendemain au camp.

Boamidi, instruit de cette tentative, nous fit faire l'appel de nos hommes : les Arabes en connaissaient le nombre ; ils les comptèrent eux-mêmes. Trois manquaient. Des ordres sévères furent immédiatement donnés pour notre surveillance : un appel journalier dut avoir lieu ; les sentinelles furent triplées ; les hommes ne pouvaient s'absenter à dix pas du camp sans garde, et les mauvais traitemens commencèrent à se faire sentir.

Nous persuadâmes, autant qu'il fut en notre pouvoir,

aux chefs arabes, que nos hommes ne devaient pas être responsables d'un acte de désespoir commis par trois ou quatre d'entre eux ; nous leur dîmes que nous répondions dorénavant de nos hommes, et que désormais pareille tentative n'aurait plus lieu, et nous les priâmes de vouloir bien donner des ordres pour que nos soldats, assez à plaindre déjà, ne fussent pas maltraités ; que si quelques-uns avaient essayé de s'échapper, c'était parce qu'on ne les nourissait plus comme on l'avait fait précédemment ; que la plupart souffraient de la faim, mais que nous les engagerions à prendre patience et à ne pas faire peser sur ceux qui restaient la responsabilité d'une faute personnelle, chose qui devait arriver, si pareil fait se renouvelait.

Nous donnâmes ce conseil à nos hommes, en leur faisant entrevoir toute la solidarité que nous nous devions mutuellement : des cavaliers partirent à la recherche des fuyards et ne tardèrent pas à les découvrir. Tous les trois furent ramenés au camp dans la journée du lendemain : Podgi, le zouave, était de ce nombre.

Boamidi les fit appeler, leur demanda si leurs officiers les avaient engagés à partir, ils répondirent que non. On les enferma dans un silos avec un factionnaire à l'entrée, et l'un d'eux, pour servir d'exemple, fut désigné par le kalifa comme devant être fusillé. Nous ignorions cet ordre donné au chef du camp, lorsque nous entendîmes battre le rappel ; nous sortîmes de notre gourbi et vîmes les Arabes prendre leurs armes et se diriger par pelotons vers la rivière. M. le colonel Courbi revenait de l'eau, il aperçoit au milieu des Arabes Martin, chasseur, la victime choisie par le kalifa, pâle comme un spectre, et marchant à la mort. Il s'informe avec anxiété où l'on conduit cet homme ; on lui répond que le kalifa avait donné l'ordre de le fusiller ; alors, le colonel pria instamment le chef Ben Aïssa de suspendre cette exécution, et de supplier le kalifa de sa part de pardonner au chasseur. Ben Aïssa écrivit à Boamidi et Martin fut gracié. M. de Cognord, tout ému de cette scène, vint nous la rapporter, et nous l'écoûtâmes en frémissant, car ce meurtre allait presque se passer sous nos yeux et nous ne nous étions doutés de rien!..... Huit jours après, les deux autres fugitifs, doublement captifs, sortirent du silos et furent graciés par le kalifa.

A peine avions-nous fini de nous installer dans ce camp, qu'il fallut le quitter : si l'on songe à l'état de faiblesse et d'épuisement dans lequel se trouvaient nos hommes, on se fera une idée de tout ce qu'il y avait de pénible dans de pareils déplacemens. Il fallait recommencer des gourbis, aller chercher le bois et l'alpha quelquefois fort loin; pendant ce temps, nos soldats ne pouvaient pas faire de pain, et la journée avec la nuit entière suffisait à peine pour moudre la farine nécessaire à leur subsistance, ensuite le peu de vases qu'ils avaient, plats pour faire cuire leurs galettes, cruches etc., etc., et qui leur étaient d'autant plus précieux qu'on en trouvait fort rarement dans les marchés, se brisaient dans ces périgrinations continuelles; joignez à cela, l'embarras de nos malades, le manque de chaussures pour ces courses, l'incertitude d'être plus stables dans un point que dans un autre : toutes ces réflexions, toutes ces souffrances étaient tristes, bien tristes!...

J'ai dit qu'on avait cessé de nous distribuer du sel ; nos hommes ne tardèrent pas à se ressentir de cette privation, le scorbut se déclara dans le détachement, en peu de jours plusieurs hommes en furent atteints. Le docteur Cabasse s'ingénia pour en arrêter les progrès, mais il ne put réussir et la maladie fit des ravages aussi rapides qu'effrayans. C'était chose hideuse et bien déplorable à voir, que ces teints livides, ces bouches noires de sang caillé, ces gencives rongées jusqu'à la racine de la dent; et rien, pour soulager tant de douleurs!... La nourriture que prenaient ces infortunés ne faisait qu'aggraver leur mal, ils n'avaient à manger que de la farine d'orge en bouillie, cette orge avait vieilli dans les silos et répandait une odeur infecte; il y avait autant de paille que de farine dans cette bouillie aussi désagréable au gout que nuisible au corps. Nous isolâmes ces malades des autres, et chaque jour nous partageâmes avec eux les vivres de notre ordinaire; ils reçurent de nous du pain de froment et du bouillon, seules choses qu'il était en notre pouvoir de leur donner, puisque nous ne recevions plus des Arabes qu'une simple ration de blé, et nous leur fîmes faire de la panade au lieu de bouillie. S'il est des dévoûmens qui meurent inconnus, il est aussi du devoir de celui qui les connaît de les divulguer publiquement: je le ferai, quelqu'impuissante que soit ma voix.

L'égoïsme est du ressort des grandes infortunes communes, cette cruelle école nous l'a démontré et nous en a fourni mille preuves. Cependant, des soldats ont accepté volontairement, dans cette circonstance, les fonctions pénibles que leur prescrivait l'humanité. Plusieurs s'offrirent généreusement pour panser, soigner les malades, pour leur préparer leurs alimens, leur laver leur linge. Un d'eux, le nommé Pommé, blessé grièvement et dans l'impossibilité de se tenir à cheval, fut porté à bras pendant une assez longue route, sur un brancard que nous improvisâmes.

Enfin, les quatre derniers soldats survivans, Michel, Trotet, Metz et Testard, dont les noms resteront à jamais gravés dans mon cœur; ceux que nous avons ramenés avec nous de captivité, ont accepté, dès le premier jour de notre séparation de nos détachemens, les rudes fonctions qu'ils ont eues à remplir depuis cette époque, et se sont librement et généreusement dévoués à nous servir et à nous consacrer tous leurs soins. Quelquefois, cependant, deux sur quatre étaient malades; l'un d'eux, le chasseur Trotet, a failli succomber à la dyssenterie. Dans ces momens, nous voulions aider nos pauvres serviteurs; nous commençâmes même à moudre nous-mêmes notre blé, travail bien fatiguant pour celui qui n'y est pas habitué ; ils vinrent nous arracher le moulin des mains, et ne consentirent jamais à nous laisser travailler. Cependant ces hommes avaient les mêmes peines que nous, les mêmes souffrances morales, les mêmes craintes pour l'avenir; et avec ces tortures ils avaient encore à supporter tous les travaux, toutes les fatigues du corps.

Le 24 février nous partîmes, ainsi que la deyra, pour aller aux puits de Si-Berkani : c'était un petit plateau dominé de tous côtés par des rochers à pic ; l'eau était fort loin et détestable : nous y restâmes près d'un mois, pendant lequel nous reçûmes des lettres et de l'argent du général Cavaignac et de nos familles. Nous fîmes faire aussitôt des chemises pour tout le détachement et achetâmes une paire de babouches par homme. Boamidi fit demander le colonel, se plaignit de l'arrestation de son cavalier à la Maghrnia, et pria M. Courbi, en répondant au général, de lui dire de rendre la liberté à cet homme.

Le colonel répondit au général, s'acquitta de la commission du kalifa, et exposa de nouveau toutes nos angoisses, toutes nos souffrances. Deux soldats moururent à Si-Berkani dans la misère, dans le dénûment le plus hideux, sans que nous puissions leur donner, pour les soulager, autre chose qu'un peu de tisane de raisins secs.

Un découragement profond, un abattement général semblaient les dominer, et l'horrible lieu où nous étions était bien propre à contrister nos ames. Rien autour de nous; pas d'horizon, les montagnes nous le cachaient, et ces montagnes étaient aussi arides, aussi nues que le désert ; nous ne pouvions laver notre linge, à cause de la rareté de l'eau ; à peine cette eau était-elle potable; la plupart de nos hommes étaient dégoûtans de cette malpropreté obligée. Aussi fut-ce avec joie que nous apprîmes au bout d'un mois que nous retournions à la Mélouïa.

On nous prévint que nous resterions longtemps à ce nouveau camp, et nous engageâmes notre détachement à faire une lessive générale et à se construire des gourbis solides et aérés; tout était à notre proximité, nous étions à vingt pas de la rivière, et, autour de nous, le bois et l'alpha se trouvaient en abondance.

Deux jours après notre arrivée, un grand village était établi; la joie sembla renaître un peu dans tous les cœurs; on construisait de nouveau des fours; la rigidité des Arabes parut diminuer, on laissait nos hommes pêcher à la ligne sur le bord de l'eau, et l'on put prendre des bains a discrétion. Les marchés parurent assez abondans pendant quelques jours, mais l'orge devint à un p ix exorbitant. Malgré cela, les distributions se firent assez régulièrement.

Peu de jours après, nos hommes avaient installé des jeux d'escrime; on donnait, depuis le matin jusqu'au soir, leçons de pointe, contre-pointe, bâton. canne, danse et voltige. Ces exercices semblaient leur faire oublier tous leurs maux; nous les encourageâmes de tout notre pouvoir et nous vîmes avec bonheur que le moral prenait le dessus.

Cependant, l'état de nos scorbutiques empirait de jour en jour, leur nombre augmentait d'une manière effrayante. Il y avait un mois que nous occupions ce camp, lorsque nous vîmes arriver, conduit par des cavaliers, un soldat français, prisonnier depuis quatre mois, et resté pendant ce temps, soit près de l'émir, soit dans les tribus. Il se nommait Villefeu, et nous dit sortir des bataillons d'Afrique. Il était presque sans vêtemens à son arrivée et avait fait cette longue route pieds nus. Nous lui offrîmes aussitôt l'hospitalité, lui donnâmes du pain, du raisin et du café, après quoi il nous raconta son histoire.

Villefeu, étant en colonne, s'était endormi dans une case arabe; il avait, dit-il, la fièvre en ce moment. La colonne s'était arrêtée pendant ce temps, et lorsqu'elle se remit en marche, le malheureux ne s'aperçut pas de son départ.

Il fut trouvé dans le coin où il s'était blotti, par des cavaliers réguliers qui le conduisirent à la colonne de l'émir où il servit d'ordonnance à M. Lacotte; de là, ne pouvant suivre à pied, Abd-el-Kader le laissa dans une tribu où il eut à souffrir de la part des Arabes, des femmes surtout, mille genres de vexations. Enfin, il nous fit l'aveu, en arrivant, qu'envoyé pour une pécadille aux bataillons d'Afrique, continuellement malheureux dans sa modeste carrière, actuellement prisonnier de guerre, il n'avait pas, n'avait jamais eu de chance. C'est égal, nous dit-il, maintenant je ne me trouve plus à plaindre; me voilà parmi vous et j'oublie tout le passé. Ses pieds étaient en sang, nous lui donnâmes chaussure, chemise et vêtemens, et le plaçâmes dans une escouade de nos détachemens. Pauvre enfant! entrevoyait une fin à ses douleurs; elle ne devait pas tarder à arriver, nous étions au 24 avril!...

Hady Mustapha, beau-frère d'Abd-el-Kader, était arrivé depuis plusieurs jours et avait pris le commandement du camp. On nous l'annonçait comme un excellent homme, et sa présence nous faisait espérer quelqu'amélioration dans notre position. Il ne s'informa pas seulement de nous en arrivant, ne demanda point à nous voir, il sembla même éviter l'approche de nos gourbis quand ses affaires l'appelèrent au camp.

Ce personnage, le plus puissant après l'émir, n'a rien d'avenant dans la physionnomie; nous fûmes encore péniblement trompés à son égard : on nous avait dit de lui assez de bien pour nous faire désirer sa présence.

Le 24 avril, à quatre heures du soir, le krodja Si Mohamed vint à moi, un billet à la main; il me demanda à parler au colonel, et je le conduisis près de lui. Là, il nous prévint de faire charger à l'instant nos effets sur des mulets qu'on allait nous amener, parce que nous allions h anger de camp, et nous réunir aux Zaïous, près de Veyra; que nos hommes partiraient avec la smâla le lendemain; que nous allions ce soir là chez l'Hady-Moustapha qui nous en gageait à prendre un couscouss, et que, de là, nous rejoindrions nos hommes quand ils auraient changé de camp.

Nous étions prévenus depuis quelques jours de ce déplacement, et il ne nous surprit nullement. Le docteur Cabasse était à la pêche à une portée de fusil du camp, nous l'envoyâmes chercher et fîmes nos préparatifs de départ. Pendant cet intervalle, nous allâmes rassurer nos hommes qui paraissaient vivement inquiets de cette séparation de quelques heures. Ils se réunissaient autour de notre enceinte; la tristesse était peinte sur leurs visages, nous leur expliquâmes comment nous ne faisions pas ce voyage ensemble; mais voyant que nos paroles ne les rassuraient pas entièrement, j'allai avec le colonel Courbi dans la tente du commandant Hady-Salem. L'Hady Habib était avec lui; je lui fis part de l'inquiétude de nos soldats et lui demandai de me laisser près d'eux; je lui dis que mes camarades partiraient sans moi et que je les rejoindrais avec le détachement. Hady Salem me refusa, en me disant que le kalifa désirait tous nous voir; l'Hady Habib sourit de ma demande, me dit que mes hommes étaient des fous et sortit lui-même pour les tranquilliser : aucun de nous n'eût un seul instant l'idée que cette promesse de réunion fût un odieux mensonge. Je laissai mon cheval à un sergent du 15ᵉ léger, malade depuis plusieurs jours; nous priâmes l'Hady Habib de vouloir bien donner le lendemain des moyens de transport à quelques hommes hors d'état de faire la route, et nous engageâmes tous nos sous-officiers, en leur serrant la main, à relever le moral de nos soldats et à dissiper toutes leurs craintes. Au moment de quitter le camp, une dizaine d'hommes que nous avions gardés près de nous comme ordonnances, boulangers, conducteurs, etc., se disposaient à nous suivre, quand l'Hady Habib nous ordonna de n'en conserver que quatre. Le colonel Courbi retint les hussards Metz et Testard, et les autres ayant tiré au sort, le hasard choisit le chasseur Trotet et le fusilier Michel du 41ᵉ pour nous accompagner, et les autres restèrent au camp, en gardant avec eux une partie des objets qui nous étaient nécessaires, tels que pots, paniers, etc.

J'éprouve un pénible serrement de cœur chaque fois que je me rappelle l'expression du visage de mes malheureux compagnons d'infortune en ce moment. Habitués à nous voir sans cesse autour d'eux, ce départ subit semblait les épouvanter. En nous serrant la main, un sourire d'une tristesse indicible semblait vouloir nous prouver qu'ils étaient à l'abri de toute crainte, et peut-être quelques uns d'entre eux avaient-ils l'affreux pressentiment de la scène sanglante qui devait avoir lieu pendant la nuit.

Il était près de cinq heures quand nous nous séparâmes de notre détachement; nous marchâmes dans la direction de l'ouest, accompagnés d'une douzaine de cavaliers et de quelques fantassins. A trois lieues de là, la nuit avait commencé à nous surprendre, les Arabes nous conduisaient tantôt à droite, tantôt à gauche, et semblaient ignorer eux-mêmes le point de notre destination.

Un soldat de l'émir vint causer avec moi, et me dit à voix basse que nous ne verrions le kalifa que le lendemain, et que ce soir-là nous devions coucher près d'une tribu dont il me montra les feux. Ce changement nous inquiéta tous, sans cependant nous faire supposer l'affreuse vérité. Effectivement, arrivés près d'un douar, on nous fit arrêter; nous dressâmes notre tente près de celle du chef arabe de cette tribu et ne tardâmes pas à nous coucher, fatigués d'une marche toujours pénible avec la mauvaise chaussure que nous portions et l'état de faiblesse où nous étions. Je remarquai (mais, je ne fis cette observation que longtemps après) l'air morne et sérieux de plusieurs Arabes habitans de ce douar et assis près d'un feu voisin du nôtre.

Nous eûmes toutes les peines du monde à obtenir d'eux une peau de bouc remplie de mauvaise eau, et ils refusèrent de nous en apporter une seconde. Notre escorte entoura notre tente et nous surveilla d'une manière beaucoup plus rigide que d'habitude.

Le lendemain, avant le jour, nous entendîmes passer au galop près de notre tente un goum d'une trentaine de cavaliers; nos hommes ne purent distinguer dans l'obscurité s'il était composé de Marocains ou non. Nous nous levâmes quelque temps après et nous remîmes en route en prenant la direction de la deyra. Chemin faisant, les hommes de notre escorte nous dirent que nous allions chez le caïd des Hachems, Ben-Slimann, qu'il nous recevrait fort bien et que nous ne verrions le kalifa Hady-Moustapha qu'à notre nouveau camp, où la deyra nous rejoindrait. Après trois heures de marche nous arrivâmes à la tribu de ce chef; notre guide lui remit un billet, lui parla à voix basse et nous fit camper près de lui. Nous avions une soif ardente, il nous offrit une eau boueuse et croupie; mais lui ayant parlé d'argent, il nous fit apporter pour un franc, un peu de lait aigre mêlé d'eau, que nous bûmes avec avidité. La journée entière se passa sans qu'il nous offrît rien à manger; vers le soir, deux Arabes qui nous avaient conduits et avaient escorté de l'orge jusqu'à la deyra qui se trouvait en avant, repassèrent près de nous et nous dirent qu'ils allaient rejoindre le camp à son nouvel emplacement; ils ajoutèrent qu'à l'heure qu'il était nos soldats devaient y être, et que l'eau, le bois, l'alpha, pour la construction des gourbis y étaient en abondance. Cette nouvelle nous tranquillisa. Nous voulûmes faire partager notre sécurité à nos hommes, et j'écrivis au crayon à un sergent de mon détachement de n'avoir aucune inquiétude sur nous; que nous les rejoindrions le lendemain de bonne heure, et qu'il veuille bien montrer mon billet à nos soldats et les rassurer sur notre compte.

Nous couchâmes donc, cette nuit-là, chez Ben-Slimann, qui, vers les neuf heures du soir nous envoya un plat de mauvais couscouss à l'orge.

Le lendemain, la deyra tout entière passa près de nous

pour aller camper aux Zaïous; on vint nous prendre vers midi, et nous suivîmes la même direction. Un sergent borgne, arabe, qui nous conduisait, nous dit que nous allions voir nos hommes, qu'ils avaient déjà construit leurs gourbis et nous attendaient impatiemment. Nous marchâmes assez longtemps; on nous fit prendre une des gorges de la chaine de montagnes du Zaïou, et après vingt détours nous pénétrâmes dans une espèce de fond d'entonnoir dominé de tous côtés par de hautes montagnes. Là, sur un petit plateau, se trouvaient dressées les tentes du camp de l'émir : nous cherchons avec une angoisse difficile à décrire, quelqu'uniforme français au milieu de ce petit groupe.... Rien!... Nous arrivons, pâles de terreur, dans l'enceinte de ce camp morne et silencieux comme une tombe; les Arabes semblaient éviter notre approche, notre regard, et se tenaient accroupis devant leurs cabanes; nos hommes d'escorte ne répondaient plus à nos questions; le krodja Si-Mohamed vint à nous, son visage était sombre et sérieux; il nous indiqua la petite place qui nous était destinée; d'un même cri, d'une même voix, nous lui demandâmes :

— Qu'as-tu fait de nos soldats?

Il nous regarda froidement et nous dit :

— Vos hommes sont partis pour le Sahara; ils ont été rejoindre le sultan, qui les demande près de lui.

— Ce n'est pas vrai, lui dis je.

— Que penses-tu donc? me répondit-il en souriant.

— Je pense que tu les as assassinés.

Rien ne peindrait l'affreuse sérénité du visage de ce monstrueux fanatique, qui me répondit :

— Les Arabes ne tuent pas des prisonniers sans armes, ils les considèrent comme des femmes; tes hommes sont partis pour le désert; une caravane est venue les prendre; ils sont tous montés sur des chameaux, et dans huit jours ils seront près d'Abd-el-Kader. » Pourquoi penses-tu (lia tekrammem)? me dit-il ; on ne leur a pas fait de mal, on ne leur en fera pas.

Glacés de terreur, nos regards se portaient sur tout ce qui nous environnait pour y découvrir quelque trace de crime ; des tentes étaient faites avec des couvertures de nos hommes ; des effets de campement, bidons, marmites se trouvaient entre leurs mains. A tout instant c'était un indice nouveau, indice que nous cherchions, malgré l'horreur que nous éprouvions à chaque nouvelle découverte. — C'était un pantalon garance, une tunique française, des souliers, ou bien, l'un de ces petits capuchons que nous avions fait faire à la Mélouïa, sur lesquels nous fixions malgré nous une scrupuleuse attention ; pourquoi ?...... pour y découvrir quelques gouttes de sang... et, cette dernière preuve, que nous tremblions d'avoir, venant à nous manquer, nous saisissions avec bonheur, comme une certitude, l'idée manifestée par l'un de nous, que les Arabes n'auraient pu massacrer ainsi trois cents hommes sans une énergique défense de leur part. Nous tâchions de nous rappeler toutes les figures, tous les noms des Arabes, afin de savoir si quelques-uns n'auraient pas succombé dans cette lutte; tous étaient présens, aucun d'eux n'était blessé... Le Maroc serait-il venu s'emparer d'eux ? Le docteur Cabasse avait cru entendre dire à l'Arabe qui l'accompagnait à la pêche, quand nous partîmes du camp, qu'un goum marocain était réuni près de là, aux puits d'Hassi Berkani, et que c'était pour cela qu'on nous avait fait partir. — Ou bien, les aurait-on dépouillés et renvoyés à la Maghrnia ?... C'est l'espoir que me fit concevoir un misérable kabayle aux fers dans la même enceinte que nous, et qui me montra cette direction quand je lui demandai à voix basse s'il savait où étaient les prisonniers français.

Quant à croire nos hommes partis pour le Sahara dans le triste état où ils se trouvaient pour la plupart, sans chaussure, à peine vêtus, un grand nombre atteint de fièvres, scorbut, dyssenterie, au moment des pluies, du froid, je ne sais si cette pensée était moins poignante pour nous que de les savoir assassinés. Eh bien! ce doute affreux, nous l'avons conservé pendant près de deux mois. Une idée sombre était à l'instant combattue par une espérance, malgré tant de preuves de ce masacre, malgré l'indiscrétion d'un enfant qui dit à Testard, en allant à l'eau, que tous les Français avaient été tués et jetés à la Melouïa.

Cette première nuit, dans notre nouveau camp, fut affreuse et ne s'effacera jamais de notre souvenir. Notre tente était bordée d'un cercle de factionnaires qui nous empêchèrent, une fois rentrés, de sortir pour satisfaire nos besoins. Nous eûmes tous la même pensée : c'est qu'en nous isolant de nos hommes pour les assassiner, ils avaient craint que nous ne les engageassions à se défendre, mais que notre tour était arrivé. Toute la nuit il ne fut question dans leur conversation que de Muley-Abderakmann, du général Bourahoua (c'est ainsi qu'ils désignent le général Lamoricière), et le matin, au point du jour, un derviche marocain commença, sur un ton funèbre, des chants et des prières qui durèrent plus d'une heure : c'était contre leurs habitudes, et nous le remarquâmes. Nous avons su depuis que le bruit de la mort de l'émir s'était répandu : fût-ce par erreur ou à dessein? Nous l'ignorons ; mais on nous dit plus tard qu'il fut la cause de la mort de nos hommes.

Les motifs qui me semblent le plus admissibles, et qui pourraient bien s'allier encore avec le précédent sont : la cherté de l'orge, qui avait presque triplé de prix à cette époque; le peu de ressources qui restaient à l'Hady Habib ; le silence de nos généraux sur la question d'échange entamée par nous, de la part du kalifa Boamidi, et restée sans réponse; enfin, la monstruosité d'âme et la haine de l'Hady Habib et du kalifa Hady Mustapha pour tous les chrétiens.

Si l'émir n'a pas ordonné ce meurtre, il ne l'a pas moins sanctionné en le laissant couvrir de son nom, et en laissant impunis ceux qui s'en sont rendus coupables.

Boamidi, nous a-t-on assuré, a été indigné en apprenant ce massacre, dans lequel il n'aurait point trempé... Boamidi était à une demi-lieue de nous, et j'ai d'autant plus de peine à croire à son ignorance sur ce fait, que pendant qu'il commandait seul le camp, sa présence n'a point empêché ses soldats d'assassiner six de nos malades.

Le déserteur Chabanne nous dit encore à ce sujet qu'en arrivant au camp, dès que le kalifa Boamidi apprit ce qui venait de s'y passer, il revint sur ses pas, furieux de la conduite d'Hady-Mustapha, qu'il accusa de suite de ce meurtre. Il ajouta, dit-on, qu'il aurait vendu ses femmes, ses chevaux, ses tentes pour subvenir à la nourriture de nos soldats, plutôt que de consentir à les égorger ; qu'il les aurait conduits près de la Maghrnia lui-même, et que si on avait fait feu sur lui en arrivant près de ce poste, il eût placé en avant les prisonniers français et se fût retiré sans riposter.

Je crois toutes ces versions aussi fausses les unes que les autres, ou peut-être répandues à dessein par Boamidi lui-même. Le caractère arabe n'offre point d'exemples d'un si grand dévouement, et pour qui? Pour des chrétiens qu'ils auraient mis plus bas que leurs esclaves s'ils n'avaient espéré en retirer quelque bénéfice.

Ce que je crois, c'est que tous les chefs, l'émir compris, n'ont point tardé à reconnaître qu'ils avaient fait une grande faute, et chacun d'eux a voulu s'en disculper auprès de nous, dans la prévision d'un châtiment qui, pour être ajourné, n'en sera pas moins terrible. Nous leur avons souvent répété, depuis cette malheureuse époque, que la France tenait autant au sang d'un soldat qu'à celui d'un officier ; que nul sacrifice d'argent n'eût coûté à notre pays, si de pareilles propositions lui avaient été faites, et Boamidi, dans une assemblée de chefs, aurait observé à l'émir que s'il avait encore les prisonniers français en son pouvoir il aurait pu les changer au Maroc avec les Beni-Amer, qui avaient déserté sa cause pour se réfugier sur ce territoire.

Le lendemain de notre arrivée dans cette espèce de cuvier, des torrens d'une pluie glaciale vinrent ajouter encore des souffrances physiques à nos douleurs morales. Pendant trois jours et trois nuits l'eau arrivait par ruisseaux de tous les ravins qui nous environnaient, et nous atteignait jusqu'à mi-jambe sous la tente en guenilles où nous étions réunis. Tout ce temps, rendu plus horrible encore par l'amertume de nos réflexions, nous le passâmes accroupis sur nos vêtemens, dont nous avions fait des paquets ; à peine pouvions-nous avoir assez de feu pour cuire à moitié quelques galettes ; nos sentinelles couchaient presque sur nous en secouant sur notre misère leur vermine et leurs haillons, et venaient à chaque instant nous montrer leur tête hideuse pour s'assurer si nous étions bien tous là. D'énormes buissons entouraient l'espace de dix pieds carrés où nous étions renfermés tous les onze, près de l'Arabe enchaîné dont j'ai parlé déjà. On vint me retirer mon cheval et celui du docteur Cabasse, qu'on nous avait laissés jusqu'à cette époque ; on nous demanda nos armes et on intima à tous les chefs et soldats du camp la défense formelle de causer avec nous.

Le beau temps revint, et avec lui un peu de calme dans nos pensées ; mais on ne se relâcha point de la rigidité avec laquelle on nous surveillait ; nous remarquâmes dans ce camp un mouvement presque continuel de cavaliers envoyés en vedettes de tous les côtés ; une scène burlesque y eut également lieu.

Depuis longtemps les fantassins n'avaient reçu aucune solde : le kalifa Kladi-Mustapha leur avait promis d'en payer une partie s'il tombait de l'eau ; car, la sécheresse qui régnait depuis longtemps faisait craindre encore pour l'année une disette d'orge, et les marabouts arabes demandaient de l'eau dans leurs prières.

La pluie arriva, mais la solde point. Les soldats se rassemblèrent au grand gourbi du Caourdji (Cafetier) et s'excitant l'un l'autre à la révolte, délibérèrent d'abandonner le camp et de partir pour rejoindre l'émir. Tambour battant et drapeau en tête les voilà en route, le fusil sur l'épaule; en passant devant la tente de leur commandant, ce dernier prit une énorme pierre qu'il lança au porte-étendard, et toute la bande se dispersa bientôt en rentrant dans l'ordre et dans les gourbis.

Nous partîmes de là quelques jours après pour aller camper de nouveau aux puits d'Hassi-Berkani. J'éprouvai une douloureuse impression pendant ce court trajet, et je n'osai communiquer ma pensée à aucun de mes camarades.

En route, je marchais près d'un enfant du camp qui causait avec un Arabe de notre escorte. Je cherchais à comprendre ce qu'ils se disaient l'un l'autre : ils parlaient de nos pauvres prisonniers, et l'enfant, sans doute témoin de la boucherie du 25 avril, répétait d'un ton déchirant et avec un accent qu'il voulait rendre imitatif : oh mondié... mondié... (mon Dieu, mon Dieu)... Je m'éloignai en frémissant : peut-être, hélas, avait-il recueilli ce dernier cri de la bouche d'un de nos soldats mourans!...

Nous arrivâmes aux puits de Berkani, près de l'endroit où existait déjà notre ancien camp; la deyra s'installa non loin de nous, dans la plaine. Nous étions prévenus que notre séjour sur ce point ne serait pas de longue durée. L'eau était détestable, les marchés fort peu approvisionnés. Le cafetier d'Hady-Salem vint s'établir près de nous, et dans les conversations journalières des soldats arabes, nous pûmes nous assurer que leurs dispositions malveillantes à notre égard duraient encore. Chaque soir, nous étions l'objet de leur entretien, et Dieu sait de quels propos grossiers étaient suivies toutes les histoires qu'ils débitaient sur notre compte. Plusieurs Arabes du camp nous ont dit depuis qu'à cette époque les chefs avaient délibéré pour nous vendre individuellement au Maroc. Nous entendions effectivement les soldats du café crier tous les soirs : *thèlinn douro bras broumia* (à trente douros la tête du chrétien), mais nous ne comprenions pas alors ce que cela signifiait.

Le 1er juin, l'Hady-Habib vint nous trouver, il portait à la main une lettre marquée du cachet de l'émir. Il s'assit au milieu de nous et nous dit qu'Abd-el-Kader venait de lui écrire et qu'il l'avait chargé de nous engager à faire savoir à nos généraux que tous nos soldats étaient massacrés à l'exception de nous onze, et qu'ils disent au plus tôt s'ils consentaient actuellement à échanger les derniers survivans; que le Maroc avait promis à la France de nous délivrer malgré l'émir; que nos généraux n'ayant point répondu à trois lettres qu'il leur avait adressées à ce sujet, il s'était vu dans la nécessité d'en venir à cette extrémité plutôt que de se voir ravir ses prisonniers de force ; que si les nôtres refusaient de nous échanger, la France ne nous aurait jamais par un autre moyen et nous resterions avec eux; que surtout rien ne devait se faire par l'intermédiaire du Maroc, que l'émir s'y opposait formellement ; qu'il entrerait en relations avec quelque autorité française que ce fût, qu'il nous rendrait au point qu'on lui désignerait, soit à la Maghrnia, soit à Zebdou ou partout ailleurs, mais qu'il ne voulait pas entendre parler du Maroc dans cette affaire; que dans une lettre adressée au général Lamoricière, l'émir le prévenait que si, dans vingt jours, il n'avait pas répondu, le massacre de nos soldats aurait lieu, et que cette lettre était restée sans réponse comme les précédentes.

Cette épouvantable certitude, nous l'avions donc. On comprendra difficilement l'horreur qu'elle nous causa ; nous restâmes un instant muets d'indignation.

Hady-Habib nous remit les noms des Arabes qu'on réclamait pour notre échange, et nous écrivîmes au général Cavaignac une lettre des plus pressantes où nous lui rapportions cet entretien et joignions la liste des prisonniers arabes réclamés par l'émir.

Le 27 juin, le général Cavaignac nous répondit qu'il n'avait pas mission de traiter de notre échange, mais qu'il avait envoyé notre lettre à M. le maréchal. Il déplorait la triste fin de nos malheureux soldats et terminait ainsi : « C'est un fait soumis maintenant à la justice de Dieu. »

Nous communiquâmes à l'Hady-Habib cette lettre du général, et lui expliquâmes que le maréchal et le gouvernement seuls étaient compétens dans l'acceptation d'une semblable proposition. Nous lui dîmes qu'il fallait attendre quelques jours afin de donner au général Cavaignac le temps de recevoir une réponse définitive, et que nous écririons de nouveau pour la connaître.

Il nous semblait, à nous, qu'après une semblable boucherie, on éviterait désormais toute lenteur, tout ajournement à notre égard; nous pensions qu'après les funestes résultats que ces lenteurs avaient causés, toute formalité serait levée à notre égard : nous nous trompions. Il fallait que cette question, de vie ou de mort pour nous, passât froidement, comme une demande de congé, par la filière d'une hiérarchie méthodique.

Dans cet intervalle (nous étions au 18 juillet, et campés sur la Mélouïa, à l'embouchure du Za), l'émir rentra de sa longue excursion : il y avait dix mois qu'il était absent. Il ramenait avec lui quatre à cinq cents chevaux et cavaliers, le tout dans le plus déplorable état. Une grande fantazia eut lieu au camp; il y mit pied à terre et repartit un instant après pour aller à la deyra.

Il reçut pendant plusieurs jours des députations de outes les montagnes environnantes : des Marocains du tRif et de l'Alep venaient lui apporter de l'orge et de l'argent; nous désirions depuis longtemps son retour, pensant qu'il y aurait un dénouement quelconque à notre triste position, et que sa présence sur les lieux hâterait l'époque de notre délivrance. Huit jours se passèrent sans qu'il nous fit demander, sans qu'il s'informât même de nous.

On changea de camp le 24 juillet, et nous nous dirigeâmes ainsi que la deyra vers les montagnes de l'Alep.

En arrivant à ce nouveau camp, situé au milieu des bois, Abd-el-Kader descendit de cheval, s'adossa à un buisson non loin de notre tente et nous fit appeler: tous ses grands l'entouraient.

Boamidi était à sa droite, et on nous fit placer autour d'eux. L'émir avait le visage soucieux ; il nous fit demander par un interprète, sans daigner nous regarder, comment nous nous portions: le colonel Courbi lui fit dire que nous étions fatigués de la route ; il répliqua que ses Arabes aussi étaient souffrans et n'étaient pas plus heureux que nous. Cette conversation se borna là: on voyait qu'il s'entretenait avec nous à contre cœur, et nous avons su depuis qu'il ne s'était décidé à nous recevoir qu'à la sollicitation d'Hady-Bachir, qui croyait nous obliger par ce moyen, et comptait retirer quelques douros de sa complaisance à notre égard.

Ce peu de bienveillance de l'émir nous attrista péniblement; nous nous adressâmes de nouveau à la Maghrnia pour savoir si on avait pris quelque détermination à notre égard, et nous fûmes chargés de dire au général Cavaignac que cette lettre était la dernière qu'on nous permettrait d'écrire.

Les déplacemens continuels que nous faisions nous empêchaient de nous installer ; la plupart de nous étaient souffrans; la chaleur devenait suffocante et nous n'avions même pas la force de nous construire des gourbis pour nous abriter du soleil; cette attente, cette perplexité continuelle nous enlevaient toute énergie.

Le 10 août, cette lettre si ardemment attendue arriva:

le général Cavaignac nous prévenait que M. le maréchal lui avait écrit; qu'il avait chargé le consul de Tanger de traiter de notre échange; qu'il espérait dans peu nous revoir parmi les nôtres etc., etc.

C'était précisément la démarche contraire à celle que nous avions indiquée que l'on se décidait à suivre à notre égard. Nous comprîmes à l'instant qu'il ne nous restait plus d'espoir, et que la politique du moment nous sacrifiait entièrement.

L'émir, à qui cette lettre fut interprétée, refusa formellement d'entamer les négociations par cette voie et nous dit d'en prévenir nos généraux; nous le fîmes, mais, sans espérer désormais de voir changer leur détermination.

Nous jetâmes dans cette dernière lettre toute l'amertume, tout le fiel que nous avions sur le cœur.

Le 7 septembre, M. le général Cavaignac, dont l'ingénieuse prévoyance et l'excellente bonté ont toujours été au niveau de nos souffrances, nous répondit : qu'il allait communiquer au maréchal cette nouvelle détermination d'Abd-el-Kader; qu'il fallait que le gouvernement en fût informé, et que cela demanderait un peu de temps parce que le maréchal ne se trouvait pas sur les lieux. Nous ne répondîmes plus, attendant avec résignation la décision des nôtres, mais désespérant de changer la politique qu'on avait suivie jusque-là et la marche que l'on s'était tracée.

Abd-el-Kader, à la réception de cette lettre, nous fit dire qu'il attendrait.

Notre position devenait de plus en plus affreuse, l'hiver approchait et nous n'avions pas d'abri pour nous préserver des pluies, notre tente n'était plus qu'un lambeau, le découragement s'était emparé de nous; M. le lieutenant Hillairain était très sérieusement malade et trois autres de nos camarades atteints de fièvres. Nous songions avec effroi à l'avenir, et cet avenir nous paraissait aussi sombre qu'un tombeau.

Près de deux mois s'étaient écoulés, rien n'arrivait

notre prison s'était rétrécie, nos gardes nous resserraient de plus en plus. L'Arabe Si-Mohamed, krodja du kalifa Sidi-Caddour, me fit appeler à sa tente avec le colonel Courbi ; nous y fûmes conduits par un misérable sergent nommé Brazé, chargé de nous surveiller et de nous acheter ce que nous demandions pour notre nourriture. Nous trouvâmes là Chabanne, déserteur français, esclave du kalifa Boamidi. Après avoir fait éloigner les Arabes qui étaient près de son gourbi, et y avoir placé comme surveillant notre conducteur, il nous fit asseoir près de lui, nous fit les salamalecks d'usage, et nous dit à voix basse qu'il était chargé par les kalifas réunis de nous demander si nous voulions acheter notre liberté pour de l'argent; que, ne recevant point de réponse des nôtres, les Arabes se fatiguaient de nous avoir ; que, d'un instant à l'autre, la même tentative du Maroc pour nous enlever de force pouvait avoir lieu à notre égard comme à l'égard de nos hommes ; que les lettres pressantes que Muley-Abderhamann adressait à l'émir le mettraient dans la nécessité d'employer envers nous les mêmes moyens qu'il avait déjà pris pour ne point lui céder nos soldats; que si nous ne nous décidions pas promptement, nous devions nous attendre au même sort, à la même fin ! que l'émir n'était pas informé de cette démarche de ses chefs ; qu'il était de la dernière importance qu'il ignorât que l'on nous demandait de l'argent qu'une fois que nous aurions offert une somme pour notre rançon, Boamidi et Sidi-Kaddour se joindraient aux autres kalifas, et que le jour du marché, lorsqu'Abd-el-Kader viendrait au camp, ils lui demanderaient ensemble ce qu'il voulait faire de nous ; qu'ils lui feraient observer que nous lui étions à charge, que nous mangions du blé pendant qu'il nourrissait ses soldats d'orge, et qu'en nous renvoyant, il pourrait espérer que la France serait également généreuse et lui rendrait ses prisonniers.

Le Français Chabanne nous interpréta ces paroles, que nous écoutâmes froidement : nous y entrevîmes une branche de salut presque certaine; car la question d'argent, celle dont ils avaient paru le plus éloignés jusqu'à ce jour, nous parut décidée, et nous nous doutâmes de suite qu'elle provenait de l'émir lui-même. Quant aux menaces de mort qui accompagnèrent cette proposition, nous nous arrêtâmes fort peu à cette idée; ce n'était point la première fois que nous songions à un pareil dénouement, et il nous paraissait à tous moins horrible encore que la perspective d'une plus longue captivité. — Nous répondîmes au krodja que nos têtes étaient à la disposition de l'émir quand il lui plairait de les abattre; mais qu'il nous semblait extraordinaire qu'un personnage aussi peu important que lui fût chargé d'une telle mission; que, pour une semblable affaire, nous désirerions entrer en relations avec le kalifa lui-même. Il nous dit alors que quand il en serait temps nous parlerions à Sidi-Caddour; que les grands avaient l'habitude d'employer les petits à de semblables affaires; qu'il n'était là qu'un chargé d'affaires, et que, pour son propre compte, il s'emploierait de tout son pouvoir à nous faire réussir.

Nous doutions fortement que notre gouvernement voulût adhérer avec l'émir à une convention d'argent plutôt qu'à un traité d'échange; nous pensions qu'Abd-el-Kader profiterait de cette occasion pour prouver aux siens que ses relations avec la France pouvaient durer encore; d'un autre côté, les précautions qu'il eût fallu prendre, si nous avions été conduits à un poste français, auraient pu donner à ce simple marché un tout autre aspect, et c'est ce qui nous faisait craindre que nos généraux ne voulussent point l'accepter.

Nous prévînmes le krodja que nous allions nous consulter avec nos camarades; et, convaincus que le moyen que nous allions employer lèverait tous les obstacles, nous décidâmes ensemble de proposer aux Arabes de nous racheter nous-mêmes, et de nous renvoyer par Melilila, fort espagnol dont nous n'étions éloignés que d'une quinzaine de lieues.

Nous retournâmes près du krodja, et lui fîmes part du désir que nous aurions d'être rendus sur ce point, en prétextant pour cela l'état maladif de quelques-uns d'entre nous, incapables de faire une longue route. Nous lui fîmes observer que le commandant espagnol nous prêterait la somme fixée pour notre rançon, si les exigences des chefs n'étaient pas trop fortes; que la plupart d'entre nous avaient peu de fortune, et que nous ne pourrions les satisfaire, si le prix de notre liberté était exorbitant. Il écrivit devant nous au kalifa, renfermé dans sa tente, à dix pas de nous, et lui transmit notre proposition. Un instant après, il reçut un billet de lui, et nous dit que le prix de notre rançon était ainsi fixé : 15,000 francs pour M. Courbi, 10,000 francs pour moi, et 7,000 pour chacun des autres officiers, y compris M. Barbut, maréchal-des-logis chef, et que nos quatre soldats passeraient gratis dans ce marché. C'était donc 60,000 francs qu'on nous demandait; nous nous récriâmes sur l'énormité de cette somme, en disant au krodja qu'il fallait y renoncer, si les kalifas ne diminuaient rien de leurs prétentions. Nous offrîmes 20,000, puis 30,000 francs, bien décidés à ne pas outrepasser cette somme. Je dis à notre chargé d'affaires que c'était tout ce que nous possédions entre nous; que, s'il exigeait davantage, il pouvait nous faire fusiller de suite, car il attendrait en vain. Il nous conseilla d'écrire à nos familles, qui, nous disait-il, vendraient leurs burnouss, leurs haïcs, pour nous aider en cette circonstance, et nous engagea, pour décider le personnage le plus influent dans cette affaire, à lui offrir un don en dehors de cette somme. Ce personnage était Sidi-Caddour; nous convînmes de lui remettre 1000 francs en sus, dont 500 francs sur l'argent qui nous avait été envoyé comme secours, et 500 près de Mélillia. Le krodja nous fit ajouter à cette somme la promesse de 200 francs pour lui, et 50 francs pour le misérable tiers de cet infâme marché.

L'offre de ces 30,000 francs, ainsi que le pot-de-vin demandé pour lui, fut communiqué au kalifa, qui sembla s'en contenter. Le krodja nous fit espérer que cette affaire s'arrangerait ainsi, et nous recommanda de nous maintenir à cette somme, quelques menaces que l'on vienne nous faire ; il nous prévint que l'Hady-Habib viendrait s'informer lui-même de la somme promise et nous engager à l'augmenter ou à lui remettre une gratification ; mais que nous devions nous garder de rien changer à cette somme de 6,000 douros, aussi bien que de lui faire part de la gratification promise au kalifa, sous peine de voir avorter ce projet. Nous restâmes ainsi plusieurs jours, placés entre l'espoir et la crainte. Le premier octobre, l'Hady-Habib vint au camp ; nous eûmes avec lui l'entrevue annoncée ; il nous demanda d'abord la première somme, puis, descendit jusqu'à 40,000 francs. Nous lui objectâmes l'impossibilité où nous étions de rien ajouter à cette somme; et une fois assuré qu'elle était bien telle que celle qui lui avait été annoncée, il parut satisfait et nous dit qu'il nous ferait répondre dans la soirée.

Quelque temps après son départ, Si-Mohamed revint et nous dit que nous pouvions écrire à Melillia.

Nous adressâmes au chef de cette place la lettre suivante :

« Monsieur le gouverneur,

» Onze prisonniers français, parmi lesquels sept officiers, seuls survivans d'un grand désastre, pleins de confiance dans la sympathie de votre nation pour la leur, et convaincus d'avance de l'extrême bienveillance avec laquelle vous accueillerez *personnellement* leur prière, viennent s'adresser à vous pour les retirer au plus tôt de l'abîme de misères où ils sont plongés depuis plus d'un an.

» Nous sommes convenus de payer une rançon de

6,000 douros pour être rendus dans la place que vous commandez, et qui nous a été désignée comme le point où l'on consentirait à nous livrer.

» Nous envoyons un cavalier à Melillia pour être certains que vous pouvez mettre cette somme à notre disposition ou savoir de vous le jour où elle le sera.

» Aussitôt que les Arabes qui nous ont en leur pouvoir apprendront que vous accédez à notre prière, nous serons immédiatement dirigés près de Melillia, et de là nous prendrons, par correspondance avec vous, toutes les mesures nécessaires pour qu'il y ait sureté et bonne foi dans cette opération.

» Nous attendons au plus tôt et avec toute l'anxiété du désespoir une réponse de vous, monsieur le colonel; c'est la dernière branche de salut qui nous reste ; nous vous devrons plus que la vie si elle nous est favorable, et la reconnaissance d'un semblable bienfait ne peut s'exprimer qu'en se serrant la main.

» Quant à la reddition de cet emprunt, c'est une affaire que je réglerai avec vous aussitôt que nous serons rendus à la liberté.

P. S. Je n'ai aucun doute sur l'assentiment avec lequel on eût accueilli ma demande, si j'avais pu la faire par une voie toute simple et toute naturelle ; mais je vous le répète, monsieur le Colonel, cette démarche est obligatoire pour nous et de la dernière nécessité.

» Pour une raison qu'il vous sera facile de concevoir, nous vous prions d'ajouter à la somme désignée d'autre part, cent douros, ce serait donc sur 6,100 douros que nous devrions compter.

» Le porteur de cette lettre a reçu l'ordre de ses chefs de ne rester qu'une heure ou deux à Melillia ; il doit en outre ignorer le sujet de sa mission.

» Agréez, etc. »

Cette lettre terminée, le krodja nous présenta une immense feuille de papier et nous dit de certifier là-dessus individuellement : que nous avions été bien traités chez l'émir ; que si nos hommes avaient été tués, c'était parce que nos généraux n'avaient pas voulu les échanger, et que le Maroc voulait les prendre de force ; enfin, qu'Abd-el-Kader voulant montrer à la France qu'il était plus généreux qu'elle, nous renvoyait gratis et pour l'amour de Dieu.

Nous fîmes observer au krodja que nous étions prêts à attester des vérités, mais que nous n'écririons pas des mensonges ; que nous ne pouvions dire que nos généraux avaient refusé l'échange de nos soldats, puisque nous n'avions pas cette certitude ; que nous avions été nourris dans son pays aux frais de notre gouvernement qui avait dépensé pour cela plus de 6,000 francs, à l'exception du blé qu'il nous distribuait ; que notre liberté nous coûtait assez cher pour que nous ne croyions pas à son désintéressement ; mais, sur l'insistance qu'il y mit, après nous avoir dit qu'Abd-el-Kader exigeait cette formalité, nous rédigeâmes ce singulier certificat, dont je m'avoue le pitoyable auteur :

« J'ai été bien traité, étant prisonnier d'Abd-el-Kader.

» J'ai reçu pour nourriture du blé, du sucre et du café, » de la viande, du beurre et des oignons.

» Je n'ai été ni insulté, ni frappé.

» Nous avons écrit une fois de la part du kalife Boamidi, pour l'échange des prisonniers lorsqu'Abd-el-Kader était dans le Sahara ; la réponse à notre lettre adressée au maréchal ne nous est pas parvenue.

» Lorsque nos hommes ont été tués, nous en avons demandé le motif ; on nous a répondu que c'était parce que les Marocains voulaient les avoir de force.

» Abd-el-Kader nous renvoie à Melillia sans nous avoir demandé *personnellement* de l'argent. »

Cette attestation fut interprétée tant bien que mal par Chabanne, qui me parut lui-même ne point comprendre le sens de l'adverbe que nous avons souligné : le krodja parut satisfait, nous en fit faire une double expédition signée individuellement, et nous assura que l'émir consentait à nous rendre la liberté.

Je n'essaierai pas de peindre notre anxiété, nos angoisses en attendant de Melillia cette réponse qui devait décider de notre sort. Cette attente cruelle était pour nous un état habituel, une pensée de toutes les heures depuis l'époque de la mort de nos malheureux soldats. Nous pensions que d'après un tel événement, aucun sacrifice ne coûterait à la France pour retirer des mains de leurs assassins, onze malheureux prisonniers, et cependant, six mois, six siècles s'étaient écoulés depuis cette époque. Le onze octobre, nous n'avions point encore reçu cette lettre tant désirée; les Arabes semblaient inquiets sur le sort du soldat qui avait été chargé de cette mission; le krodja nous dit qu'il croyait qu'il avait été assassiné dans la montagne, et nous prévint que lors même qu'il arriverait, notre départ serait retardé d'une quinzaine de jours, parce que l'émir partait le lendemain 12 octobre avec tous ses cavaliers, pour faire une razia chez les Amiann au delà d'Oujeda.

Nous nous crûmes encore le jouet de quelqu'odieuse machination; tout cela n'était-il donc qu'une comédie préparée pour nous faire rédiger la pièce curieuse que j'ai transcrite ci-dessus? A dix heures du soir, nous formions à ce sujet mille conjectures les plus pénibles et les plus absurdes, quand nous vîmes arriver Chabanne et le krodja! L'exprès venait de rentrer et nous apportait une lettre de Melillia.

Le colonel Démétrio de Bénito nous prévenait que n'ayant point une telle somme à sa disposition, il offrait sa parole pour garantie des 6,100 douros demandés, et que si les Arabes voulaient y ajouter foi, ils pouvaient nous amener à l'instant dans sa place : « il ajoutait, qu'il envoyait à l'instant un bateau, soit à Djemma-Ghazaouat, soit à

Malaga, pour prévenir les autorités françaises de notre demande et de notre compromis. »

Nous fîmes comprendre au krodja tout le bon vouloir et les excellentes dispositions du colonel Démétrio pour nous; elles lui furent interprétées aussi favorablement que possible par Chabanne; le krodja nous dit d'écrire au gouverneur d'avoir la somme prête pour le retour de l'émir, qui aurait lieu du 25 au 31 octobre, et que dès qu'il reviendrait de son expédition chez les Amiann, si cette assurance lui était donnée, rien ne s'opposerait à notre départ qui pourrait avoir lieu le lendemain de sa rentrée.

Le 12 octobre tous les cavaliers partaient du camp; on nous changea d'emplacement et on nous renferma dans un espace de dix pieds carrés, entouré de hauts buissons. C'étaient, disaient nos gardes, pour nous garantir du soleil. Quatre sentinelles, enfermées avec nous dans l'intérieur de notre prison, avaient sans cesse les yeux braqués sur nous et avaient dû recevoir une consigne sévère: ce n'était plus des prisonniers qu'ils gardaient, c'étaient 6,000 douros!..,

L'Hady-Habib, resté à la deyra, vint nous trouver le lendemain; il était accompagné du thaleb Si-Moktar, qui habitait les environs de Glaïa, et qui, nous dit-il, avait introduit dans Melillia le porteur de notre lettre. C'était lui qui allait se charger de notre deuxième missive au gouverneur de cette place.

Nous prévenions, dans cette lettre, M. le gouverneur Démétrio de l'ajournement de notre délivrance, et nous l'engagions à garder par devers lui les fonds qu'il recevrait jusqu'au retour de l'émir.

Nous ajoutâmes par post-scriptum cette phrase, prévoyant que cette lettre serait communiquée aux nôtres :

« Nous croyons fermement que votre généreuse intervention dans cette affaire lèvera, près des nôtres, toutes les difficultés qui se sont présentées depuis un an pour notre délivrance : aujourd'hui, cette opération est un simple marché traité de gré à gré entre les Arabes et nous. »

Nous priâmes le krodja de mettre dans son voyage toute la célérité possible, nous comptions qu'il serait de retour trois jours après; ce n'est que le 29 octobre qu'il nous confirma l'arrivée des fonds demandés, en nous témoignant tout le bonheur qu'il goûterait à nous serrer dans ses bras.

L'Hady-Habib, à qui cette lettre fut traduite, la goûta avec l'avidité d'un personnage intéressé dans cette affaire. L'émir arriva le 2 novembre : c'était huit jours plus tard qu'il ne l'avait promis, et ce temps fut bien long, puisque son absence nous paraissait dès-lors le seul obstacle à notre liberté. Le soir même de son arrivée, la lettre du colonel lui fut transmise et expliquée : on recommanda néanmoins et avec instance de ne point parler de cette convention d'argent à qui que ce fût, et on nous réitéra que notre liberté dépendait maintenant de notre discrétion à cet égard.

Le prix était fait : il s'agissait maintenant de tromper les parens des Arabes qui devaient naturellement s'opposer à notre départ, puisqu'il ne devait rapporter à ces derniers ni l'échange des leurs, ni le partage d'un argent destiné à Abdel-Kader et à ses kalifas.

Il s'agissait aussi de nous faire croire à nous-mêmes que l'émir n'entrait pour rien dans ce trafic ; voici la manière dont on s'y prit :

Le 3 novembre à neuf heures du soir, l'officier arabe sous la surveillance duquel nous étions placés, vint dire au ieutenant-colonel Courbi de se couvrir d'un burnouss our qu'on ne s'aperçût pas qu'il allait sortir de notre nceinte, et de le suivre chez le kalifa Sidi-Caddour. Il xécuta cet ordre et fut conduit silenciensement à la nte de ce dernier. Deux chevaux étaient sellés, le kalifa t signe au colonel d'en monter un, de se couvrir le visage de son capuchon, de cacher le bas de son pantalon, et tous deux partirent accompagnés de quatre soldats armés, chargés d'éviter en route toute rencontre avec les Arabes du camp. Un d'eux tenait la bride du cheval du colonel, et le dirigeait dans les sentiers d'un bois vers une montagne voisine de notre camp; le kalifa suivait à cheval à quelques pas derrière. Après avoir fait un assez long détour, ils arrivèrent sur un petit plateau à peu de distance des tentes de la deyra ; des gardes veillaient autour, et semblaient y avoir été placées pour éviter l'approche des étrangers; on fit mettre pied à terre au colonel, et le kalifa l'introduisit sous la seule tente qui y était dressée et qui se trouvait entièrement isolée des autres. Là, se trouvaient réunis les kalifas Hadi Mustapha, Sidi Cherif et l'Hady Habib : on fit place aux deux arrivans et on offrit au colonel un repas à l'arabe. Quelques temps après, Zoléka, Française mariée à un chef de ladeyra, arriva, conduite avec la même discrétion et enveloppée de son haïc ; elle se plaça dans un coin de la tente, salua le colonel qui ne la reconnut qu'à sa voix, et lui transmit ces paroles de la part des kalifas réunis :

« Abd-el-Kader consent à vous renvoyer : l'argent qui vous a été demandé est destiné à ses kalifas, qui ont dépensé pour vous nourrir, vous et vos soldats, des sommes considérables : l'émir ignore ce marché et n'y entre pour rien ; l'orge était cher à la Melouïa, les ressources du sultan ne suffisaient pas, et ses chefs y ont subvenu. Vous direz cela en arrivant en France ; Abd-el-Kader doit venir au camp après demain 5 novembre; quand il sera sous sa tente, entouré de ses chefs, on fera appeler tous les officiers, et là, vous lui demanderez ce qu'il veut faire de vous; vous lui ferez observer que vous lui êtes à charge, et que vous lui seriez reconnaissant de vous renvoyer dans votre patrie. Vous ajouterez qu'à votre retour en France vous demanderez le renvoi de ses prisonniers; cette démarche faite, les kalifas prendront la parole et obtiendront publiquement son consentement. Vous écrirez en outre au général Cavaignac, à M. Roche, à Tanger et au maréchal, une même lettre dans laquelle vous spécifierez que l'émir ne pouvant obtenir de la France un échange de gré à gré vous renvoie gratis dans vos foyers.

» Le sultan, ajoutèrent-ils, tient beaucoup à paraitre grand et généreux devant les siens, et il faut que cette dernière formalité soit remplie. »

Le colonel promit et vint nous rejoindre.

Nous l'écoutâmes, non sans éprouver le plus profond dégoût pour cette ignoble comédie dont nous allions être les acteurs; cette scène abjecte eut lieu le 5 novembre. Nous entendîmes des malheureux assis près de nous, supplier l'émir de ne point nous livrer ainsi; que nous rendre sans échange était le moyen de les priver éternellement de leurs familles; que leurs pères, leurs frères, leurs enfans étaient en France, et qu'ils se chargeaient de nous nourrir jusqu'à ce qu'on leur rende leurs parens; et l'émir, placé au centre de ce cercle, souriant dans sa barbe de sa fourberie et roulant dans ses doigts les grains de son chapelet, a vendu le sang et la liberté des siens en les sacrifiant à l'appât de notre rançon.

«Que voulez-vous faire, leur dit-il, ils ne sont plus que six; un d'eux est malade, la France sera généreuse quand je l'aurai été envers elle, et vous renverra vos familles quand elle saura que je lui fais don des siens. J'ai écrit à tous leurs généraux, pas un ne m'a répondu. Voulez-vous les laisser mourir ici? mieux vaut encore nous en débarrasser par le moyen que je vous propose.

On nous fit signe de nous retirer, et, un instant après, l'Hady-Habib vint nous prévenir que tout était décidé maintenant, et qu'on n'attendait plus que l'arrivée de quelques chefs des environs de Glaïa pour nous escorter pendant la route.

Abd-el-Kader ne se contenta pas de tromper les siens, il voulut nous faire croire également à nous, qui savions par le Français Chabanne que nos lettres adressées au colonel Démétrio lui avaient été expliquées par lui-même, qu'il ignorait cette convention d'argent.

Le krodja, du reste, nous avait dit déjà maladroitement que le sultan né voulait pas que l'on sût dans le camp qu'il était question de douros dans cette affaire, et Chabanne nous avait prévenus que notre rançon devait servir à nourrir et payer la smâla.

N'avions-nous pas encore été témoins des petits voyages du kalifa Sidi-Caddour et de son entremetteur Brazé, du camp à la deyra, pour prévenir l'émir de toutes les clauses et conditions dont nous convenions dans la misérable tente du krodja.

Le 8 novembre le colonel Courbi fut enlevé de la même manière que précédemment; cette fois il fut conduit dans la tente de l'émir.

Je rapporte ici mot pour mot leur entretien.

L'émir. — Puisque la France ne te réclame pas, et que tes généraux ne veulent point t'échanger, veux-tu me servir? je te ferai grand, et te donnerai des chevaux et des armes.

Le colonel. — Je ne demande qu'à revoir mon pays, et je ne puis en servir d'autre.

D. — Si je te renvoie, que dirai-je aux miens quand ils me réclameront leurs familles?

R. — Tu leur diras que je demanderai à la France d'être aussi généreuse envers toi que tu l'as été envers elle.

D. — Combien me rendra-t-on de prisonniers?

R. — Je ne puis te le dire.

D. — Veux-tu partir par le Maroc, par la Maghrnia ou par Melillia?

R. — Par Melillia.

D. — Pourquoi plutôt par-là qu'ailleurs?

R. — Parce que les bonnes relations de la France et de

l'Espagne leur font se rendre mutuellement de pareils services, et que Melillia est le point le plus près.

Abd-el-Kader. — Si j'avais été sur les lieux, la mort de tes hommes n'aurait pas eu lieu; le Maroc ne serait pas venu me menacer de me les enlever; ici, il n'y a que les Français qui puissent me battre; quant au Maroc, je ne le crains pas.

Je désire faire la paix avec vous; une guerre continuelle est un fléau; penses-tu que la France y consente?

R. — Adresse-toi à elle, et si tu n'exigeais pas trop, cela pourrait peut-être avoir lieu.

Abd-el-Kader. — Ne parle à qui que ce soit de ce que je viens de te demander ni d'une lettre que je te remettrai. Je n'ai jamais voulu te faire de mal; je sais que tu appartiens à une famille honorable : M. Lacotte m'a montré les lettres qu'on lui adressait, où il était souvent question de toi. Veux-tu prendre sous ta protection un chef arabe, porteur de la lettre que j'adresserai au roi, et me promets-tu qu'il ne lui sera rien fait?

R. — Je te le promets.

M. le colonel Courbi de Cognord quitta l'émir et passa la nuit à la deyra, dans une tente de l'Hady-Habib; nous avions les plus grandes inquiétudes sur son compte, quand nous le vîmes arriver à dix heures du matin.

Quelques jours après, les chefs arabes revinrent de Melillia, et notre départ fut fixé au 21 novembre. Il ne put avoir lieu ce jour-là, parce que les soldats n'ayant pas de babouches pour faire la route et nous accompagner, réclamèrent assez vivement de l'argent pour en acheter. — Une solde leur fut faite, et nous partîmes le 22, sous l'escorte de soixante cavaliers et cent cinquante fantassins commandés par le kalifa Sidi-Caddour, accompagné de l'Hady-Habib. — Notre voyage dura trois jours, pendant lesquels nous eûmes la douleur de perdre M. Hillairain, lieutenant au 41e, atteint de dyssenterie.

Il expira le 24 novembre, la veille du jour où il devait être rendu à la liberté.

L'émir, en nous quittant, nous fit présent, par l'entremise du krodja Si-Mohamed, de trois burnouss noirs : ils étaient pour M. de Cognord, M. Cabasse et moi. Le colonel reçut en outre un cheval tout harnaché qu'on lui offrait comme cadeau. Nous nous concertâmes ensemble, et fûmes tous d'accord qu'il fallait accepter jusqu'à Melillia, pour laisser croire à l'émir que nous ne doutions pas de ses intentions.

Nous arrivâmes, le 24 novembre au soir, à trois lieues de Melillia. Là, nous fûmes demandés, le colonel et moi, près du kalifa Sidi-Caddour. Il commença alors à nous expliquer la manière dont il voulait nous échanger le lendemain avec l'argent promis. Nous l'écoutâmes pendant une demi-heure, sans comprendre un mot de ses intentions : il parlait de deux barques qui devaient se croiser, l'une portant l'argent, l'autre portant les prisonniers.

Connaissant toute la défiance, toute la duplicité du caractère arabe, je prévoyais déjà mille difficultés pour la journée du lendemain. Je tranchai donc la question, et M. Courbi ayant déjà consenti à cette proposition, je dis au kalifa que le colonel et moi resterions en ôtage; que tous les officiers partiraient avec l'envoyé d'Abd-el-Kader, et que dès qu'ils seraient à bord on enverrait l'argent à terre, et que le colonel et moi ne partirions qu'après qu'ils se seraient assurés que la somme entière était en leur pouvoir.

Ils acceptèrent sans objection et nous fîmes part de ces dispositions à M. Démétrio, vers lequel on dirigea un exprès.

Nous devions arriver au bord de la mer à peu près à midi, et, à trois lieues de Melillia, allumer un feu sur le rivage pour indiquer notre présence et le point où cette opération devait avoir lieu, et M. le gouverneur dirigerait une barque dans cette direction.

Nous passâmes une nuit bien agitée et toute à l'idée du lendemain.

Ce beau jour brilla pour nous, nous marchâmes cinq heures environ, et arrivés à une portée de canon du rivage, nous apperçûmes à l'ancre un bateau espagnol qui hissa son pavillon. On nous fit arrêter : Sidi-Caddour et l'Hady Habib s'avançèrent sur le rivage, vis-à-vis la barque, et firent demander M. le colonel Courbi et moi.

Là, le kalifa me dit : que j'allais m'embarquer avec un chef arabe, pour qu'il s'assurât si tout l'argent était là; qu'une fois la somme comptée, je reviendrais vers lui, et qu'alors tout le monde partirait, sauf M. de Cognord et moi qui partirions les derniers, et lorsqu'ils auraient en leur possession les 6,000 douros. Il me dit en même temps, de remettre secrètement à son envoyé les 500 francs à lui promis en dehors du marché, et de le faire à l'insu de l'Hady Habib, établi là comme surveillant.

Je fis signe au bateau d'envoyer une barque vers moi. Cette barque était montée par huit ou dix matelots espagnols et deux officiers, MM. Durande, lieutenant d'un bateau à vapeur, et Luïs Capa, capitaine de place à Melillia. La barque touchait presque au rivage que, sans penser au danger auquel il s'exposait au milieu de nous, M. Luïs Capa s'élança vers nous et nous embrassa avec la cordialité la plus franche, l'abandon le plus touchant. Je le forçai presque à quitter le sol pour rentrer dans son bateau, et y montai avec lui. Là, je trouvai M. Durande, dont la sympathie, pour être moins irréfléchie, moins imprudente, n'en fut que plus expansive. Je le pressai sur mon cœur comme un ami que j'aurais connu depuis vingt ans.

Toutes les dispositions prescrites eurent lieu sans objection, sans accidens. A cinq heures du soir, nous étions tous à bord, regardant, l'œil humide de joie, cette terre d'esclavage dont nous nous éloignions à jamais; et, le vent du nord soufflant dans nos voiles, le cap sur la liberté, nous voguâmes vers Melilla au bruit joyeux des détonations des fusils des matelots espagnols et de leurs cris sympathiques de Viva los Francès! A Melillia nous écrivîmes la lettre suivante à l'émir, en lui renvoyant ses cadeaux.

« Nous te rendons tes présens : la bonne foi que tu as » mise en opérant notre reddition et la manière dont tu » as traité tes prisonniers français nous font un devoir de » ne rien accepter de toi. »

FIN.

BIBLIOTHEQUE NATIONALE DE FRANCE
3 7531 02973769 0

www.ingramcontent.com/pod-product-compliance
Ingram Content Group UK Ltd.
Pitfield, Milton Keynes, MK11 3LW, UK
UKHW020410230726
13925UKWH00003B/1334

9 782014 443677